La pratique de l'expression écrite

Claude Peyroutet

NATHAN

Sommaire

© Nathan 1991 pour la première édition
© Nathan 1998 pour la deuxième édition
© Nathan /VUEF 2001 pour la présente réimpression – ISBN 2-09-182422-4

Mode d'emploi

Le livre présente une structure originale, caractérisée par des doubles pages.
Chaque double page correspond à un chapitre autonome.
En fin d'ouvrage, on trouvera 22 fiches et les corrigés d'exercices.

La page de gauche

Une page de synthèse : elle apporte les informations essentielles sur la question traitée.

La page de droite

Une page d'explications et d'éclairage pratique : elle précise, elle complète, elle propose des applications.

Un repérage en six grandes parties.

Un titre (suivi de quelques lignes d'introduction) annonce le sujet de la double page.

L'objectif de la page de droite.

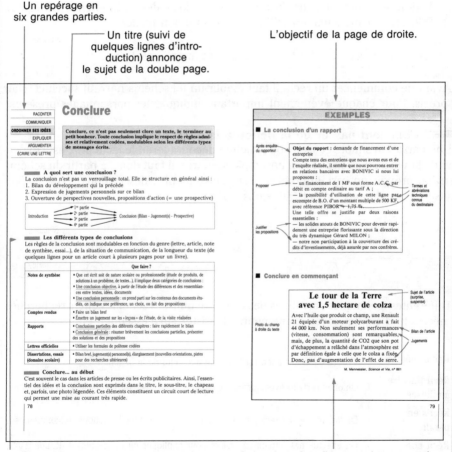

Quelques lignes avec des repères de lecture, pour mieux saisir l'essentiel d'un seul coup d'œil.

Selon le sujet, figurent des exemples, des modèles, des exercices (tous corrigés en fin d'ouvrage).

RACONTER
COMMUNIQUER
ORDONNER SES IDÉES
EXPLIQUER
ARGUMENTER
ÉCRIRE UNE LETTRE

Organiser un récit

Raconter une histoire, c'est informer graduellement son lecteur, l'intéresser et l'intriguer pour qu'il continue la lecture, le faire participer à l'action et à la réflexion. D'où l'importance des procédés narratifs.

Qu'est-ce que la fiction ?

□ La fiction, c'est l'histoire qu'on raconte, l'ensemble d'événements réels ou imaginés qui se succèdent et s'enchaînent. C'est donc le fondement du récit que l'on va rédiger, une sorte de scénario.

□ La fiction se construit dans l'ordre chronologique des événements principaux (E 1, E 2, etc.), d'une situation initiale à une situation finale.

Situation initiale	E 1	E 2	E 3	E 4	E 5	E 6	E 7	E 8	E 9	E 10	E 11	Situation finale

□ Avant de commencer un récit, il faut établir un tel schéma narratif succinct, clair et précis. Pour chaque événement important, indiquer les personnages présents.

Comment passer de la fiction à la narration ?

□ Une narration simple et sèche de la fiction découragerait le lecteur : c'est l'évocation de la vie qu'il attend et non un simple scénario. Il faut donc, à partir du schéma narratif, prévoir un certain nombre d'enrichissements : descriptions (D) et portraits (P), dialogues (C) et réflexions (R).

Situation initiale	E 1	E 2	E 3	E 4	E 5	E 6	E 7	E 8	E 9	E 10	E 11	Situation finale

□ Différentes techniques narratives peuvent être utilisées selon les effets recherchés, la nécessité d'expliquer les événements, d'insister sur l'essentiel, etc.

Récit linéaire	L'ordre de la narration est le même que celui de la fiction.
Récit linéaire à ellipses	On omet certains événements secondaires que le lecteur peut facilement imaginer.
Récits en parallèle	On fait un premier récit puis un second, qui renvoient à des actions concomitantes.
Récit non linéaire	On effectue des retours en arrière pour expliquer un événement, l'attitude d'un personnage. Cas particulier : on commence par la fin, le récit devenant un flash-back explicatif, une reconstitution.

La dame de Thermidor

Par Hélène Tierchant

10. L'été de la liberté

L'épisode

6 événements constituent la fiction (l'intrigue).

1er événement

Le soleil se lève, irisant la Seine. L'aube déjà tiède embaume la violette. Un violon chante du côté du pont Neuf. Thérésia s'étire langoureusement devant sa fenêtre. Elle a envie de fêter ses relevailles. Besoin de tendresse aussi. Oubliant sa rancœur, elle se dirige vers la chambre de son époux, à l'autre bout de leur hôtel de l'île Saint-Louis.

manoir

maison particulière

2e événement

Elle frappe. Pas de réponse. De la lumière filtre pourtant sous la porte. Elle pousse le pêne. Se raccroche au chambranle. Devin de Fontenay n'est pas seul. Auprès de lui, sur le lit, une fille. A demi nue. Une servante, une « goton ».

wounded

title from now on...

3e événement

La marquise chancelle, blessée dans son cœur et dans son amour-propre :

self-love

« Je ne vous ferai pas de reproche, monsieur. Vous êtes libre. Dorénavant, je le serai moi aussi.

comme vous voulez

— A votre guise, madame, rétorque Fontenay d'un ton sec. Je vous demanderai seulement de choisir vos galants dans un milieu honorable. »

choose

honorable lover

Dialogue : accélération

La jeune Espagnole refrène ses larmes. Elle appelle sa cameriste : « Mon bonnet. Mon ombrelle ! »

Elle a 16 ans, elle veut se venger ! Elle veut vivre !

4e événement

Comme il fait bon marcher dans les rues ! Comme Paris est animé ! Thérésia savoure sa liberté recouvrée après la réclusion forcée de sa grossesse. Elle se dirige vers le Palais-Royal.

Description : ralentissement

5e événement

En ce matin du 12 juillet 1789, l'effervescence y tient de la folie. Les Parisiens ont envahi les établissements à la mode. Le Caveau, le Chartres, le café Mécanique avec son jeu de tuyauteries déversant automatiquement les boissons sur les tables. La jeune fille arrive à se faufiler à la terrasse du Foy. [...]

Description : ralentissement

6e événement

A mesure que la matinée avance, les badauds sont plus nombreux dans le jardin. Le canon horaire, déclenché par un système de miroirs au moment où le soleil arrive à son zénith, est toujours une attraction fort prisée.
Et... midi tonne enfin.

(...)

Demain, 11e épisode :
« Chronique scandaleuse »

Il s'agit d'un feuilleton

Sud-Ouest : 18-7-90

5

ORDONNER SES IDÉES

EXPLIQUER

ARGUMENTER

ÉCRIRE UNE LETTRE

Ouvrir un récit

> Le début d'un récit doit être une véritable accroche : il donne les premières informations sur le lieu et l'époque, il fait agir ou parler un ou deux personnages, il amorce l'intrigue en ménageant le suspense.

▓▓▓▓ Donner les premières indications de lieu et de temps

<u>Les lieux</u>. Où l'histoire commence-t-elle ? Dans quel pays, quelle ville, quel village ? On peut décrire un ensemble ou, au contraire, insister sur un élément du décor : arbre, rue, objet que contemple un personnage. Quand le lieu est exotique (désert, forêt vierge...) ou imaginaire (île rêvée, autre planète...), le dépaysement charme le lecteur et le pousse à en savoir plus.

<u>Les temps</u>. Quand l'histoire s'est-elle déroulée ? Donner des précisions sur l'époque, l'année, le mois, etc. Le récit historique accroche un lecteur par le dépaysement temporel qu'il apporte, le passé mystérieux dont il annonce l'évocation.

▓▓▓▓ Mettre les personnages en scène

Pour ouvrir le récit, un, deux ou trois personnages suffisent. On peut :
— les faire agir de suite,
— introduire un premier dialogue,
— utiliser le monologue du narrateur ou de l'un des personnages,
— esquisser un rapide portrait ou procéder par allusions.

▓▓▓▓ Amorcer l'intrigue

☐ <u>La situation initiale</u>. Tout début correspond à une situation initiale, un état qui va évoluer, que les événements vont perturber, transformer, parfois abolir complètement. D'emblée, on peut faire pressentir des changements et donc créer un suspense.

☐ <u>La perturbation</u>. Dans la plupart des cas, il est souhaitable d'introduire, dès le début, un événement perturbateur. Ainsi, dans la première page du *Sagouin*, de Mauriac, une mère gifle son enfant. Cet événement inattendu, comme la présence de détails insolites (objets, animaux, personnages) peuvent éveiller la curiosité du lecteur.

☐ <u>La fin peut être le début du récit</u>. On peut parfois commencer par la fin de la fiction. Dans le roman policier par exemple, la découverte d'un cadavre amène l'enquêteur à remonter à l'envers l'histoire de la victime.

▓▓▓▓ Quels temps utiliser ?

Récit et descriptions	Réflexions, monologues et dialogues
Passé simple et présent de narration (restitue mieux la vie). Imparfait pour les actions qui durent ou se répètent et pour les descriptions.	Présent Passé composé Imparfait

6

1 Les types de débuts

Analysez ces débuts de récits, recherchez les procédés utilisés en cochant A, B, C, D ou E dans la grille suivante (plusieurs cases peuvent être cochées pour un même récit).

	A	B	C	D	E	F
Début du récit 1						
Début du récit 2						
Début du récit 3						
Début du récit 4			X			
Début du récit 5						

A = énigme, situation mal connue
B = comique de situation, parodie
C = jeu sur les mots ou le langage
D = atmosphère étrange
E = repères historiques
F = questions au lecteur

Récit 1   *a monarchie 19 siecle*
Vers le milieu du mois de juillet de l'année 1838, une de ces voitures nouvellement mises en circulation sur les places de Paris et nommées des *milords* cheminait, rue de l'Université, portant un gros homme de taille moyenne...
commencement de la banque
real estate   industrial revolution
                                   Balzac, *La Cousine Bette*.

Récit 2
Comment s'étaient-ils rencontrés ? Par hasard, comme tout le monde. Comment s'appelaient-ils ? Que vous importe ? D'où venaient-ils ? Du lieu le plus prochain. Où allaient-ils ? Est-ce que l'on sait où l'on va ? Que disaient-ils ? Le maître ne disait rien ; et Jacques disait que son capitaine disait que tout ce qui nous arrive de bien et de mal ici-bas était écrit là-haut.   Diderot, *Jacques le Fataliste*.

Récit 3
C'est pas difficile, ils l'ont ratée, leur ville moderne. Et toute leur grande ceinture parisienne *idem*. On est bien placés pour en parler. On y habite. C'est pas en plan-

tant des conifères sur les toits des achélèmes à onze étages d'altitude qu'on arrange le coup. Ils nous feront quand même pas prendre des thuyas pour la forêt vosgienne.   Jean Vautrin, *A Bulletins rouges*.

Récit 4   *Tom Thumb*
                monkey
Le petit Poucet était malin comme un singe. Chaque matin il partait à la chasse à l'ogre. Chaque soir il revenait avec un ogre dans sa gibecière, pour nourrir son papa, sa maman, ses six frères.
Cela dura jusqu'au jour où la famille reçut la visite d'une commission écologique ayant pour but de sauver les ogres...
                                   P. Gripari, *inédit*

Récit 5
C'était vers les dernières années de la Restauration. La demie de huit heures, comme on dit dans l'Ouest, venait de sonner au clocher, pointu comme une aiguille et vitré comme une lanterne, de l'aristocratique petite ville de Valognes. Le bruit de deux sabots traînants, que la terreur ou le mauvais temps semblaient hâter dans leur marche mal assurée, troublait seul le silence.
                   Barbey d'Aurevilly, *Le Chevalier des Touches*.

2 Le vocabulaire

Avec les mots suivants, imaginez le début d'un récit.
Votre récit commencera ainsi : « Jeanne, ayant fini ses malles, s'approcha... »

cueillir	rêver
cesser	craindre
sonner	hésiter
sembler	s'éclaircir
passer	interroger
emplir	s'apercevoir
boire	oublier

fenêtre	couvent	malles
toits	pluie	calendrier
la terre	averse	sac
ruisseaux	nuit	petit carton
rues	ciel bas	crayon
maisons	rafales	couvent

RACONTER

COMMUNIQUER

ORDONNER SES IDÉES

EXPLIQUER

ARGUMENTER

ÉCRIRE UNE LETTRE

Fermer un récit

Comment arrêter la succession d'événements qui constitue le récit ? Comment clore une histoire en échappant à la facilité et aux poncifs du genre ?

La fin doit être fonction du récit

☐ Le lien entre la fin et le récit. Pour éviter un hiatus, une rupture artificielle entre le déroulement des actions et la fin du récit, cette fin est reliée soit à la totalité du récit, soit à un événement capital.

☐ Le rappel du début du récit. La fin précise, de façon claire ou allusive, les changements intervenus par rapport à la situation initiale des premières lignes du récit.

☐ Le procédé. Le récit peut se terminer par une description (un paysage s'estompe, une nouvelle ville apparaît...), un portrait (le héros fatigué, vieilli...), un dialogue (dernières paroles lourdes de sens), une réflexion.

Les types de fins

Fin retour à la situation de départ	*Exemple :* Dans *La Torture par l'Espérance* de Barbey d'Aurevilly, un condamné au bûcher ouvre la porte de son cachot et tombe dans les bras du Grand Inquisiteur : il périra bien par le feu.
Fin heureuse	C'est la solution de beaucoup de contes ou de romans populaires.
Fin comique	Cas des histoires drôles, des « blagues » : le récit se termine par un événement, une chute, en rupture avec ce qui précède.
Fin tragique sans espoir	Le héros est vaincu, ou mort, et ce ne sont pas forcément les êtres généreux qui gagnent. *Exemple : Le Rouge et le Noir :* Julien est guillotiné, Mme de Rénal meurt.
Fin tragique mais espoir	*Exemple : Germinal* est une tragédie : la grève a échoué et une terrible catastrophe atteint les mineurs. Étienne, qui a dirigé la grève, quitte le pays, vaincu mais riche d'expériences militantes. Il réussira ailleurs. Le titre du roman est justifié.
Suite possible	On suggère que la vie ne s'arrête pas. *Exemple :* « A nous deux » crie Rastignac en contemplant Paris depuis le cimetière du Père-Lachaise après l'enterrement du Père Goriot.
Fin réflexive	Comme dans les fables, le narrateur tire la morale, la leçon, la philosophie de l'histoire. Ainsi, dans *Bamban*, de Daudet, le surveillant a pris en aversion le jeune élève Bamban, bancal et toujours « sale et mal vêtu ». Lors d'une promenade, il a demandé aux élèves de doubler le pas pour le distancer. Malgré son infirmité, Bamban arrive à marcher presque aussi vite mais quelle peine ! Alors, le surveillant prend conscience : « Mais c'est toi, c'est le petit Chose que tu t'amuses à martyriser ainsi ».

FIN TRAGIQUE ET SANS ESPOIR

Emma s'est suicidée. Charles Bovary, resté seul avec sa fille Berthe, a peu à peu découvert les infidélités de sa femme. Mais il lui pardonne et, inconsolable, il vit dans le désespoir.

Le lendemain, Charles alla s'asseoir sur le banc, dans la tonnelle. Des jours passaient par le treillis ; les feuilles de vigne dessinaient leurs ombres sur le sable, le jasmin embaumait, le ciel était bleu, des cantharides bourdonnaient autour des lis en fleur, et Charles suffoquait comme un adolescent sous les vagues effluves amoureux qui gonflaient son cœur chagrin.

A sept heures, la petite Berthe, qui ne l'avait pas vu de tout l'après-midi, vint le chercher pour dîner.

Il avait la tête renversée contre le mur, les yeux clos, la bouche ouverte, et tenait dans ses mains une longue mèche de cheveux noirs.

—Papa, viens donc ! dit-elle.

Et, croyant qu'il voulait jouer, elle le poussa doucement. Il tomba par terre. Il était mort.

Trente-six heures après, sur la demande de l'apothicaire, M. Canivet accourut. Il l'ouvrit et ne trouva rien.

Quand tout fut vendu, il resta douze francs soixante et quinze centimes qui servirent à payer le voyage de Mlle Bovary chez sa grand-mère. La bonne femme mourut dans l'année même ; le père Rouault étant paralysé, ce fut une tante qui s'en chargea. Elle est pauvre et l'envoie, pour gagner sa vie, dans une filature de coton.

Depuis la mort de Bovary, trois médecins se sont succédé à Yonville sans pouvoir y réussir, tant M. Homais les a tout de suite battus en brèche. Il fait une clientèle d'enfer ; l'autorité le ménage et l'opinion publique le protège.

Il vient de recevoir la croix d'honneur.

Flaubert, *Madame Bovary*
Dernière page du roman

Notes marginales :

le jardin

Au-delà de la mort, il aime Emma (sens connoté) : liaison au récit

la petite fille

Sinistre quiproquo

Échec total pour les Bovary

permanence & social standing

Victoire de la bêtise prétentieuse et de l'arrivisme

Dernière allusion à ce lieu cher à Emma : liaison au récit

Souvenir d'Emma : liaison au récit

S'est-il suicidé ? Lié au récit

autopsy

Dettes d'Emma puis de Charles

Bilan sinistre

Berthe, la fille d'Emma et Charles, condamnée à la condition ouvrière

Liaison au récit

permanence

Bilan désastreux : univers impitoyable aux sentiments et aux passions, disparition des faibles et triomphe des bourgeois (connotations)

9

ARGUMENTER

RACONTER

COMMUNIQUER
ORDONNER SES IDÉES
EXPLIQUER
ARGUMENTER
ÉCRIRE UNE LETTRE

Le narrateur

> **Pour que le lecteur suive facilement l'intrigue, il faut situer le récit dans le système auteur/personnages et choisir un type de focalisation (on raconte et on décrit d'un certain point de vue).**

Qui raconte l'histoire ?

Celui qui raconte l'histoire est le narrateur. Selon les rapports qu'il entretient avec l'auteur et les personnages, quatre situations narratives sont possibles :

	Pronoms utilisés	Genres
Situation 1 Le narrateur, l'auteur et le héros sont une même personne	Prédominance du *je*. *Il, elle* apparaissent quand le narrateur parle des autres personnages.	Roman autobiographique, confession, récits enregistrés puis transcrits.
Situation 2 Le narrateur et le héros sont une même personne	Prédominance du *je*. *Il, elle* apparaissent quand le narrateur parle des autres personnages.	Œuvres de témoignages, certains articles de presse. *Exemple : Carmen*, où un narrateur raconte sa vie à l'auteur.
Situation 3 Le narrateur est l'auteur	Prédominance de *il* et *elle*. Le *je* peut intervenir pour les réflexions personnelles du narrateur.	Cas le plus général : romans, contes, nouvelles, récits de presse.
Situation 4 Le narrateur n'est pas l'auteur	Prédominance de *il* et *elle*. Le *je* peut intervenir pour les réflexions personnelles du narrateur.	Cas particulier : l'auteur présente un narrateur à qui il laisse la parole.

La focalisation zéro

Le narrateur semble avoir tous les pouvoirs. En effet, il sait tout sur les personnages, leurs pensées, leurs intentions, il décrit des scènes qui ont lieu au même moment dans des endroits différents.

La focalisation externe

Le narrateur est extérieur à l'intrigue. Il raconte et décrit objectivement ce qu'il est censé voir et entendre : il s'interdit donc tout commentaire.

La focalisation interne

Le narrateur raconte ce que fait, sent, pense un personnage, comme s'il l'habitait. Le point de vue de ce personnage se trouve donc privilégié : on parle de focalisation interne.

EXERCICES

1 Qui parle ?

1. Qui parle ? Et à qui ? Quels effets sont ainsi produits ?
2. Relevez les effets du milieu sur les personnages et ceux des personnages sur le milieu.

Cette première pièce exhale une odeur sans nom dans la langue, et qu'il faudrait appeler l'odeur de pension. Elle sent le renfermé, le moisi, le rance ; elle donne froid, elle est humide au nez, elle pénètre les vêtements ; elle a le goût d'une salle où l'on a dîné ; elle pue le service, l'office, l'hospice. Peut-être pourrait-elle se décrire si l'on inventait un procédé pour évaluer les quantités élémentaires et nauséabondes qu'y jettent les atmosphères catarrhales et sui generis de chaque pensionnaire, jeune ou vieux. Eh bien, malgré ces plates horreurs, si vous le compariez à la salle à manger, qui lui est contiguë, vous trouveriez ce salon élégant et parfumé.   Balzac, *le Père Goriot*

2 L'évocation

1. Comment l'auteur s'y prend-il pour évoquer le lieu (mots utilisés, angle de vision...) ?
2. Comment évoque-t-il une civilisation antique ?

La lune se levait à ras des flots, et, sur la ville encore couverte de ténèbres, des points lumineux, des blancheurs brillaient : le timon d'un char dans une cour, quelque haillon de toile suspendu, l'angle d'un mur, un collier d'or à la poitrine d'un dieu. Les boules de verre sur les toits des temples rayonnaient çà et là, comme de gros diamants. Mais de vagues ruines, des tas de terre noire, des jardins faisaient des masses plus sombres dans l'obscurité, et au bas de Malqua, des filets de pêcheurs s'étendaient d'une maison à l'autre, comme de gigantesques chauves-souris déployant leurs ailes. On n'entendait plus le grincement des roues hydrauliques qui apportaient l'eau au dernier étage des palais ; et au milieu des terrasses les chameaux reposaient tranquillement, couchés sur le ventre, à la manière des autruches.   Flaubert, *Salammbô*

3 La focalisation

Transformez ce récit en focalisation interne en un récit en focalisation externe.

Nous avons dîné place Clichy. Puis bu une bouteille de champagne, en l'honneur de mon départ à l'armée. J'étais mélancolique.
Vers 23 h un taxi nous a conduits gare de l'Est, et la main de Béa s'est glissée dans la mienne, tout simplement. Renaud aperçut le geste, et sourit. Nous avons pris un dernier verre et gagné le hall, assez tristement.
Des cohortes de jeunes gens stagnaient sous les lumières blêmes des néons, auprès de leurs valises. Le train partait à 23 h 57. L'ambiance n'était pas plaisante. Pour me réconforter j'évoquai les Carnets de Montherlant, années 38-39. Il avait connu lui aussi les départs à la gare de l'Est. Mais c'était pour aller à la guerre ; j'étais seulement invité à rejoindre la BA 124 à Entsheim.
Il était évident que Béa, dont la main restait accrochée à la mienne, partageait ma morosité.
— Reste un jour, dit-elle soudain. Tu prendras le train demain et tu leur diras que tu étais malade.
L'idée m'a paru irréfutable. Nous avons quitté la gare, bu des cocktails sur les Champs-Elysées, marché dans Paris où patrouillaient des hordes japonaises. A trois heures du matin, nous avons laissé Renaud rue de l'Université et je me suis retrouvé avec Béa dans une chambre de la rue Vaneau que lui avait prêtée un ami.
D. Tillinac, *Le Bonheur à Souillac*, R. Laffont

11

RACONTER

COMMUNIQUER

ORDONNER SES IDÉES

EXPLIQUER

ARGUMENTER

ÉCRIRE UNE LETTRE

Le genre du récit

Les récits peuvent être classés en genres selon les buts recherchés par l'auteur, les lieux et les temps évoqués, la psychologie et les intentions des personnages.

Le récit réaliste

☐ Le narrateur recherche le maximum d'objectivité dans la peinture du réel. Il doit donc donner des renseignements précis sur les lieux, l'époque, le milieu social. Même minutie dans les études psychologiques.
Exemple : Madame Bovary de Flaubert.

Le récit historique

☐ Le narrateur entend faire revivre une époque révolue et une ou plusieurs figures historiques. Il doit donc évoquer fidèlement les lieux, le temps, les costumes, les actions de personnages parfois mythiques.
Exemple : Notre-Dame de Paris de Hugo.

Le récit d'aventures

☐ Le narrateur présente des situations et des actions inattendues ou extraordinaires qui, généralement, se passent dans un pays lointain et insolite qu'explore un héros. Risques, bravoure, générosité sont de rigueur.
Exemple : l'œuvre de Jules Verne.

Le récit policier

☐ Le héros, un policier ou un détective, doit mener une enquête à partir d'un fait énigmatique, d'un vol, d'un meurtre. L'intelligence du lecteur est sollicitée : lui aussi imagine des pistes, recherche des indices et des mobiles.
Exemple : les célèbres enquêtes du commissaire Maigret.

Le récit fantastique

☐ Le narrateur introduit des faits étranges et troublants contraires aux normes de notre univers et à notre raison. Surnaturel, irrationnel, suspense, inquiétude sourde, peur ou panique, tels sont les ingrédients habituels.

Le récit de science-fiction

☐ Le narrateur se fonde sur les avancées scientifiques et technologiques pour extrapoler et imaginer de nouveaux univers soumis à des lois étranges et déconcertantes. Lieux et thèmes de prédilection : le cosmos, de nouvelles planètes, des êtres, des objets, des plantes inconnus.

12

EXERCICES

1 Les genres

C'est l'été. Un (ou une) automobiliste, au sommet d'un col, est pris(e) dans un orage. Soudain, il (elle) aperçoit une jeune femme (ou un jeune homme) qui fait du stop. Il (elle) s'arrête et...

1. Racontez la scène sous la forme d'un récit autobiographique.
2. Racontez la scène sous la forme d'un récit réaliste.
3. Racontez la scène sous la forme d'un récit fantastique (les éléments déchaînés, l'inquiétante apparition d'un être qui fait du stop, son attitude étrange une fois dans la voiture, etc.).
4. L'automobiliste est un détective. Dans l'orage, il reconnaît l'individu qu'il a filé et dont il a perdu la trace. Il s'arrête et...

2 Le récit fantastique

Transformez le texte réaliste suivant en un récit fantastique :
— en modifiant le portrait de l'homme ;
— en remplaçant le poulet par une tête coupée.

En face de moi, devant la cheminée, je voyais un vieil homme grand et courbé, très maigre et d'une pâleur telle que la braise le rosissait à peine. Il tenait à la hauteur de sa poitrine un objet où régulièrement il portait la main et qui se révéla, quand l'homme se fut tourné un peu, être un gros poulet, fraîchement tué me sembla-t-il.
Le vieil homme arrachait des touffes de plumes qu'il jetait sur le brasier en boules crépitantes. Il poursuivait ce travail de manière automatique. Comme il tenait le poulet un peu trop près de son vieux pull-over, il lui arriva plusieurs fois d'arracher à la fois les plumes de l'animal et quelques fils de laine !

3 La transformation

Placez à chaque emplacement encadré un renseignement, un indice ou une action, qui transforment ce texte pour en faire d'abord un récit historique, ensuite un récit de science-fiction.

A peine endormie depuis une heure, elle avait entendu des ⬚ derrière les ⬚ et les épaisses ⬚ de de sa chambre. Elle ordonna à ⬚ de faire entrer ; et ⬚ en ⬚ et enveloppée dans un grand ⬚, vint tomber presque ⬚ au pied de son lit, suivie de quatre ⬚ et de trois ⬚. Ses pieds délicats étaient nus, et ils ⬚ parce qu'elle s'était ⬚ en courant ; elle criait, en pleurant comme un enfant, qu'un ⬚ avait brisé ses ⬚ et ses ⬚, et l'avait blessée. [...] Elle avait ses cheveux dans un grand désordre et tombant jusqu'à ses pieds : c'était sa principale beauté, et ⬚ pensa qu'il y avait dans cette toilette moins de hasard que l'on ne l'eût pu croire.
« Eh ! ma chère, qu'arrive-t-il donc ? lui dit-elle avec assez de sang-froid. Il est probable que si l'on en veut à quelqu'un ici, c'est à moi ; tranquillisez-vous.
— Non, ⬚ sauvez-moi, protégez-moi! c'est ce ⬚ qui me ⬚, j'en suis certaine. »
Le bruit des ⬚, qui s'entendit alors plus distinctement, convainquit ⬚ que les terreurs de ⬚ n'étaient pas vaines.
« ⬚ ! » cria-t-elle.
Mais celle-ci avait perdu la tête entièrement et, ouvrant ⬚ ⬚ qui servaient ⬚, en tirait une cassette de ⬚ de la ⬚ pour la sauver, et ne l'écoutait pas. Les autres femmes avaient vu sur une fenêtre la lueur des ⬚.

RACONTER
COMMUNIQUER
ORDONNER SES IDÉES
EXPLIQUER
ARGUMENTER
ÉCRIRE UNE LETTRE

Les personnages du récit

Sans les personnages, un récit est impossible et le lacis de leurs fonctions et de leurs relations constitue une part majeure de l'intrigue. Comment donc les présenter et les faire évoluer ?

Comment parler des personnages ?

□ Continu et discontinu. Les portraits complets, en continu, se conçoivent dans une œuvre longue où l'on trouve beaucoup de personnages. Mais le risque est de lasser le lecteur. Aussi il faut conseiller une méthode en discontinu : on livre les informations sur un personnage au fur et à mesure des besoins du récit.

□ Méthode directe. Le narrateur décrit directement une attitude, un geste, un costume, un trait de caractère. Il fait parler le personnage qui livre ainsi ses sentiments.

□ Méthode indirecte. Le personnage peut être connoté : son caractère, ses jugements sont déduits par le lecteur, à partir d'un geste, d'une façon de s'exprimer.

Quels rôles un personnage peut-il assumer ?

On peut distinguer six rôles possibles.	Destinateur	Il peut donner un objet, confier une mission
	Destinataire	Il reçoit un objet, est chargé d'une mission, etc.
	Sujet	Il accomplit ou veut accomplir une action
	Objet	Il est visé par le sujet
	Adjuvant	Il aide le sujet, il en est l'auxiliaire
	Opposant	Il empêche le sujet d'agir

Fiche d'identité et graphique des relations entre les personnages

□ L'auteur d'un récit complexe à plusieurs personnages ne saurait rédiger d'un seul jet. Outre les multiples observations qu'il peut noter sur un carnet, les informations des ouvrages spécialisés, il utilisera avec fruit les documents préparatoires.

Fiche d'identité
- État civil
- Rôles
- Portrait physique
- Psychologie du personnage
- Intérêt sociologique (un type social...)
- Jugements sur le personnage

	Séquence 1		Séquence 2		etc.
Personnage 1	P		Di	Ca	
Personnage 2	P	Ca	Di		
Personnage 3		P	Ca		

P : portrait physique - Ca : caractère - Di : dialogue

14

L'ÉVOLUTION DU RÔLE DU PERSONNAGE

Un des personnages de Notre-Dame de Paris, *le carillonneur Quasimodo, rendu monstrueux et méchant par sa difformité, a été condamné au pilori pour avoir voulu enlever une jeune bohémienne, Esmeralda, sur l'ordre du sinistre archidiacre Frollo.*

Quasimodo sujet

Quasimodo promena sur la foule un regard désespéré et répéta d'une voix plus déchirante encore : — A boire !

Pitié de l'auteur

Et tous de rire.

Le peuple opposant à Quasimodo

— Bois ceci ! criait Robin Poussepain en lui jetant par la face une éponge traînée dans le ruisseau. Tiens, vilain sourd ! je suis ton débiteur.

Une femme lui lançait une pierre à la tête : — Voilà qui t'apprendra à nous réveiller la nuit avec ton carillon de damné.

Évocation de la populace : gestes et paroles

— Hé bien ! fils, hurlait un perclus en faisant un effort pour l'atteindre de sa béquille, nous jetteras-tu encore des sorts du haut des tours de Notre-Dame ?

— Voici une écuelle pour boire ! reprenait un homme en lui décochant dans la poitrine une cruche cassée...

— A boire ! répéta pour la troisième fois Quasimodo pantelant.

En ce moment, il vit s'écarter la populace. Une jeune fille bizarrement vêtue sortit de la foule. Elle était accompagnée d'une petite chèvre blanche à cornes dorées et portait un tambour de basque à la main.

golden horns

Évocation indirecte : Esmeralda suggérée par ses vêtements, sa chèvre, son tambour

L'œil de Quasimodo étincela. C'était la bohémienne qu'il avait essayé d'enlever la nuit précédente, algarade pour laquelle il sentait confusément qu'on le châtiait en cet instant même... Il ne douta pas qu'elle ne vînt se venger aussi et lui donner son coup comme tous les autres.

Liaison avec une action précédente

Quasimodo sujet

Il la vit en effet monter rapidement l'échelle. La colère et le dépit le suffoquaient. Il eût voulu faire crouler le pilori, et, si l'éclair de son œil eût pu foudroyer, l'Égyptienne eût été mise en poudre avant d'arriver sur la plate-forme.

Quasimodo destinataire

Elle s'approcha, sans dire une parole, du patient qui se tordait vainement pour lui échapper, et, détachant une gourde de sa ceinture, elle la porta doucement aux lèvres arides du misérable .

Esmeralda, destinatrice et sujet

Alors, dans cet œil jusque-là si sec et si brûlé, on vit rouler une grosse larme, qui tomba lentement le long de ce visage difforme et longtemps contracté par le désespoir. C'était la première peut-être que l'infortuné eût jamais versée.

Jugement de l'auteur

V. Hugo, *Notre-Dame de Paris.*

bossou (op?) huntchback(?)

RACONTER

COMMUNIQUER

ORDONNER SES IDÉES

EXPLIQUER

ARGUMENTER

ÉCRIRE UNE LETTRE

Décrire

Décrire, c'est représenter, dépeindre un objet, un paysage, une scène... Les descriptions sont nécessaires en littérature où elles accompagnent les récits mais la presse en fait aussi un grand usage (reportages, sports, articles politiques...).

L'impossible objectivité

☐ Choisir les éléments de la réalité. Le réel est complexe : sa description exhaustive est impossible. Décrire, c'est donc d'abord choisir des éléments de ce réel selon divers critères : importance pour le récit, significations symboliques, typicité.
☐ Toute description exige un point de vue. Qui est le spectateur ? L'auteur, le narrateur, un personnage ? En quel lieu et à quelle époque a-t-il vu ce paysage, cette foule ?

Quel ordre descriptif choisir ?

☐ Notre perception du réel est synchrone : nous voyons en même temps les éléments qui composent ce réel. Par contre, la description écrite de ce réel est obligatoirement linéaire : il faut donc inventer un ordre descriptif. Voici quelques possibilités :
☐ Le réel vu d'un lieu fixe. Nos yeux voient le réel en perspective : on peut donc le décrire du premier plan à l'arrière-plan ou inversement. Les éléments du premier plan sont les plus directement visibles, d'où l'importance qu'on peut leur accorder.
☐ Le réel en panoramique. Si l'observateur pivote sur lui-même à la façon d'une caméra sur son axe, sa vision d'un paysage, d'une scène, devient panoramique et la description peut se conduire selon des oppositions gauche/droite, ici/là-bas, devant/derrière, en bas/en haut.
☐ Le réel en travelling. Si l'observateur bouge, avance, prend du recul, il peut décrire le réel en travelling avant, arrière, latéral et le restituer à la façon de la caméra qui se déplace, qui voyage (to travel : voyager).
☐ La description d'un objet. On peut appliquer les techniques précédentes mais aussi inventer un ordre plus psychologique.
Exemple : vue globale de l'objet, impression d'ensemble, détail significatif, réflexions...

Le vocabulaire de la description

Verbes	Adverbes	Adjectifs	Prépositions
• Voir, apercevoir, entrevoir, discerner, distinguer, deviner, observer, épier, contempler, examiner, surveiller, scruter, suivre du regard, jeter un coup d'œil. • Se tenir, s'étaler, s'étendre, se dérouler, apparaître, se dresser...	• Ailleurs, alentour, dedans, dehors, dessus, dessous, ici, là-bas, là, loin, partout... • Alors, ensuite, aujourd'hui, hier, demain, aussitôt, hier, longtemps...	• Immense, démesuré, ample, spacieux, exigu, étroit, imposant, grandiose... • Énorme, gigantesque, excessif, monstrueux, colossal...	• Après, avant, dans, depuis, derrière, devant, entre, à gauche, à droite, parmi, à côté de, à l'abri de, à travers, autour de, au-dessus de, au-dedans de, au bas de...

LES TEMPS VERBAUX

Présent de narration

Du point de vue de l'auteur narrateur

Mots encadrés : pour situer

Métaphores soulignées

Le ciel est pur sur ma tête, l'onde limpide sous mon canot, qui fuit devant une légère brise. A ma gauche sont des collines taillées à pic et flanquées de rochers d'où pendent des convolvulus à fleurs blanches et bleues, des festons de bignolias, de longues graminées, des plantes saxatiles de toutes les couleurs ; à ma droite règnent de vastes prairies. A mesure que le canot avance, s'ouvrent de nouvelles scènes et de nouveaux points de vue : tantôt ce sont des vallées solitaires et riantes, tantôt des collines nues ; ici c'est une forêt de cyprès, dont on aperçoit les portiques sombres, là c'est un bois léger d'érables, où le soleil se joue comme à travers une dentelle...

Vocabulaire précis

Travelling avant

Comparaison

Chateaubriand, *Voyage en Amérique.*

Imparfait : temps de la description, exprime la durée et la concomitance des états et des actions

Travelling

la durée

la durée

la durée

Passé simple : le récit reprend

La voiture roulait en pleine campagne, et ce qui me frappa d'abord, ce fut autour du cheval une nuée de mouches acharnées. Une étrange lumière tombait sur la route, dorée et dense, eût-on dit, comme un rayon de miel transparent. Et tout, l'air, les feuilles, l'herbe des prés, semblait figé dans l'attente. Les traits serrés, mes grands-parents se tenaient assis, immobiles de chaque côté de la voiture. Des vaches, étendues près d'une cabane, tendaient le mufle comme si elles voulaient meugler ; mais je n'entendais qu'un souffle lourd. Un grondement roula dans la vallée.
— Il vient, dit ma grand-mère, sans tourner la tête.
— Hue, hue ! M. Arland, *Terre natale*, Éd. Gallimard.

plan rapproché

plan général

plan rapproché

plan de demi-ensemble

RACONTER
COMMUNIQUER
ORDONNER SES IDÉES
EXPLIQUER
ARGUMENTER
ÉCRIRE UNE LETTRE

Faire un portrait

L'image d'une personne, ses traits physiques et psychologiques, permanents ou suivis dans l'action, tel est le portrait. Eléments du récit en littérature, les portraits sont nombreux dans la presse : hommes politiques, vedettes, sportifs...

Où trouver la matière du portrait ?

□ L'homme n'est jamais isolé. D'où l'importance de la société, du milieu géographique, de l'époque, jusqu'au mimétisme. Ainsi, le marin breton, le mineur de fond, le journaliste parisien, le médecin... sans frontières sont-ils des types humains forgés par un milieu, des sollicitations communes. On recherchera cette typicité.

□ La matière essentielle est dans la rue, chez nous, en nous, jusqu'à l'auto-portrait. Il faut donc observer, méditer, prendre des notes, croquer si l'on sait dessiner, étudier des photos, des dessins ou des tableaux. Ne pas négliger les encyclopédies ni les ouvrages spécialisés (costumes, coutumes...) surtout si l'on prévoit un récit historique. Exemple : les Zazous des années de l'occupation étaient reconnaissables à la veste longue et évasée aux revers gigantesques, au pantalon large, court et droit, au parapluie, aux longs cheveux sur la nuque, à l'état d'esprit anticonformiste qui les rendra suspects aux nazis et aux miliciens.

□ L'ordre de la description est libre mais il faut insister sur le visage, les yeux, les mimiques, les gestes, le costume, les traits marquants du caractère.

Le réel ou le vrai ?

□ Tout dire du physique ou du caractère d'un personnage est impossible. A une restitution exhaustive et fastidieuse du réel, mieux vaut préférer la vérité de quelques traits caractéristiques.

□ Par souci de vérité, refuser les stéréotypes : le traître, le héros, le méchant.

Quel style adopter ?

□ La syntaxe doit être très variée pour décalquer le personnage et insister sur le point de vue adopté, surtout s'il est très subjectif. On peut même intégrer une citation ou une amorce de dialogue dont les connotations continueront le portrait.

□ Le style sera enrichi par de multiples écarts (figures de rhétorique).

Vocabulaire du portrait

Les yeux	Les cheveux	La bouche	L'allure, le corps	Le caractère
vifs, brillants, perçants, ternes, sombres, froids, globuleux, hagards...	courts, longs, raides, en brosse, bouclés, ondulés, crépus, rares, soyeux, souples, aplatis...	large, étroite, pincée, rieuse, pendante, expressive, sensuelle...	grand, élancé, mince, gros, corpulent, robuste, fort, musclé, grêle, frêle, fluet, svelte...	brave, courageux, téméraire, vaillant, crâne, réservé, discret, timide, poltron, lâche, hypocrite, rusé, méchant, malicieux, honnête, fidèle, loyal, fier, orgueilleux, prétentieux, hâbleur, effronté, impulsif...

L'auteur narrateur

Le jour et le lieu →

Métaphore
Comparaison →

Antithèse →

Liberté de jugement
de l'auteur →

Aspect général

Détails précis
et typiques :
le visage

Les habits

Portrait
psychologique
à partir de deux
traits

Métaphore

Connotations de la
voix

Une fois par semaine, je ne sais plus si c'était le jeudi ou le dimanche matin, il réunissait les étudiants de philosophie dans une salle de Sainte-Anne, dont le mur opposé aux fenêtres était entièrement couvert de joyeuses peintures d'aliénés. On s'y sentait déjà exposé à une sorte particulière d'exotisme ; sur une estrade, Dumas installait son corps robuste, taillé à la serpe, surmonté d'une tête bosselée qui ressemblait à une grosse racine blanchie et dépouillée par un séjour au fond des mers. Car son teint cireux unifiait le visage et les cheveux blancs qu'il portait taillés en brosse et très courts, et la barbiche, également blanche, qui poussait dans tous les sens. Cette curieuse épave végétale, encore hérissée de ses radicelles, devenait tout à coup humaine par un regard charbonneux qui accentuait la blancheur de la tête, opposition continuée par celle de la chemise blanche et du col empesé et rabattu, contrastant avec le chapeau à larges bords, la lavallière et le costume, toujours noirs.
Ses cours n'apprenaient pas grand-chose ; jamais il n'en préparait un, conscient qu'il était du charme physique qu'exerçaient sur son auditoire le jeu expressif de ses lèvres déformées par un rictus mobile, et surtout sa voix, rauque et mélodieuse : véritable voix de sirène dont les inflexions étranges ne renvoyaient pas seulement à son Languedoc natal, mais, plus encore qu'à des particularités régionales, à des modes très archaïques de la musique du français parlé, si bien que voix et visage évoquaient dans deux ordres sensibles un même style à la fois rustique et incisif : celui de ces humanistes du XVIe siècle, médecins et philosophes dont, par le corps et l'esprit, il paraissait perpétuer la race.

C. Lévi-Strauss, *Tristes tropiques*, Éd. Plon

bosselé   blanchie

19

RACONTER

COMMUNIQUER

ORDONNER SES IDÉES

EXPLIQUER

ARGUMENTER

ÉCRIRE UNE LETTRE

Écrire une fable

La fable est tombée en désuétude. C'est fort dommage : ce genre, en partie codifié, permet d'exprimer des idées et des sentiments dans des domaines très variés. Sans exclure l'image poétique.

Quelles sont les règles codifiées de la fable ?

Ce genre cher aux Anciens, aux auteurs des fabliaux médiévaux et, bien sûr, à La Fontaine, correspond à quelques règles impératives.

□ La fable comprend un récit et une morale, exprimée au début ou à la fin, parfois simplement connotée (elle émane du récit).

□ La fable a pour tâche d'instruire et de faire réfléchir tout en amusant : elle est didactique.

□ La fable est plutôt courte.

□ La fable utilise systématiquement la personnification (les abstractions sont incarnées par des hommes, des femmes) et l'allégorie, langage à double signification (un sens dénoté, direct, et au moins un sens connoté, suggéré mais obligatoire). Ainsi, le corbeau est aussi un être sot et vaniteux facilement exploitable et le renard un rusé cynique, peut-être un courtisan.

□ Tout fabuliste doit savoir saisir un geste, une attitude, réussir une caricature, utiliser le dialogue.

Quels sujets conviennent ?

□ On comprend mal la désaffection des contemporains pour la fable. Elle peut fort bien puiser des sujets dans les domaines économique (forts et faibles, économie et morale), politique (renouvellement possible du genre), moral mais aussi dans les proverbes, les maximes. Un simple fait divers peut inspirer un fabuliste (accident, bagarre au cours d'un match, dévouement d'un immigré qui sauve un enfant...).

□ Certains poèmes de Prévert ont des allures de fable. D'autres poètes y ont vu surtout la possibilité d'exprimer des idées incongrues ou contestataires.

Quelle versification choisir ?

□ Un rythme régulier serait nuisible à la fable qui doit ménager de nombreux effets de surprise. Ainsi La Fontaine a-t-il adopté le vers libre, plus souple, et un système de rejets, d'allitérations, etc. Le métier poétique est indispensable au fabuliste.

□ Les vers libérés conviennent aussi, pour les mêmes raisons.

La fable peut-elle être lyrique ?

□ Le fabuliste est souvent un homme d'idées, qui fait appel à l'intelligence, au sens critique, à l'humour. Ce qui n'exclut nullement les sentiments.

□ Mais le lyrisme s'exprime surtout dans les figures de style, dans l'allégorie, les notations brèves et personnelles.

LE LOUP ET L'AGNEAU

*La « morale »
(en antiphrase)*

La raison du plus fort est toujours la meilleure :
Nous l'allons montrer tout à l'heure.

*Animaux
allégoriques :
agneau = le faible,
l'innocent, la victime ;
loup = force,
brutale, mensonge et
mauvaise foi,
le conquérant*

Un agneau se désaltérait   *Début du récit*
Dans le courant d'une onde pure.
Un loup survint à jeun, qui cherchait aventure,
    Et que la faim en ces lieux attirait.
« Qui te rend si hardi de troubler mon breuvage ?   *Dialogue*
    Dit cet animal plein de rage :
Tu seras châtié de ta témérité.
— Sire, répond l'agneau, que Votre Majesté
    Ne se mette pas en colère ;
    Mais plutôt qu'elle considère
    Que je me vais désaltérant
        Dans le courant
    Plus de vingt pas au-dessous d'elle ;   *Logique :
appel à la
raison*
Et que, par conséquent, en aucune façon
    Je ne puis troubler sa boisson.

*Vers désarticulés
par l'emploi
de la parole :
plus vivant*

— Tu la troubles ! reprit cette bête cruelle ;
Et je sais que de moi tu médis l'an passé.   *Vers libres*
— Comment l'aurais-je fait, si je n'étais pas né ?
    Reprit l'agneau : je tête encor ma mère.
        — Si ce n'est toi, c'est donc ton frère.
— Je n'en ai point. — C'est donc quelqu'un des tiens ;
    Car vous ne m'épargnez guère,
    Vous, vos bergers et vos chiens :
On me l'a dit. Il faut que je me venge. »
    Là-dessus, au fond des forêts
    Le loup l'emporte, et puis le mange,
    Sans autre forme de procès.

*Saisie d'un geste,
d'une attitude*

La Fontaine, *Fables*, Livre I, 10

RACONTER
COMMUNIQUER
ORDONNER SES IDÉES
EXPLIQUER
ARGUMENTER
ÉCRIRE UNE LETTRE

Écrire un dialogue

Un récit sans dialogues ? Quel silence de mort ! Les personnages du récit ne peuvent agir sans parler et leurs dialogues, qui coupent le récit, en sont aussi la pulsation vivante.

Les informations dans le dialogue

Le dialogue renseigne les personnages, mais aussi le lecteur sur :
— les lieux, les temps, la durée de l'action,
— les faits et gestes des protagonistes,
— leurs sentiments et leurs opinions,
— la succession et la nature des événements.

Les entours du dialogue

Pour faciliter la compréhension du dialogue, il faut donner quelques indications sur les gestes, les intonations, le débit, la mimique des interlocuteurs, ainsi que sur leur caractère, leurs émotions, leurs pensées secrètes.

La vérité du dialogue

Pour que le dialogue écrit ressemble à un dialogue oral, en restitue la vérité, il faut :
— adopter le registre de langue à la situation et aux personnages,
— utiliser en partie la grammaire de l'oral : phrases souvent courtes, phrases elliptiques ou inachevées, phrases coupées par l'autre protagoniste,
— conserver quelques termes sans signification précise mais qui assurent le contact physique entre les interlocuteurs : euh... hein... bon...

Signalisation et ponctuation du dialogue

□ Pour un dialogue continu, on utilisera des règles connues de la ponctuation : ouvrir les guillemets au début, les fermer à la fin, séparer les réparties par des tirets. L'expressivité propre à l'oral disparaissant à l'écrit (débit, intonations, rythme), on essaiera de l'évoquer par des points d'exclamation, d'interrogation, de suspension.
□ Pour un dialogue en discontinu, d'usage plus fréquent parce qu'il évite les longs échanges fastidieux et qu'il allie récit, descriptions, réflexions et paroles, la ponctuation est utilisée de la même manière. Une dérogation : les termes annonçant le changement d'interlocuteur (reprit-il, elle le répéta, elle lui demanda...) ne provoquent pas la fermeture des guillemets.
Exemple : J'embrassai à mon tour la tante qui dit : « Il est gentil... C'est donc un blond !... — Il a de jolis cheveux, dit Sylvie. — Cela ne dure pas, dit la tante ; mais vous avez du temps devant vous, et toi qui es brune, cela t'assortit bien. — Il faut le faire déjeuner, la tante, dit Sylvie. »

G. de Nerval, Sylvie

EXERCICES

1 Le discours indirect

Le discours indirect permet de rapporter des paroles dans des subordonnées complétives (page 132).
Dans le texte suivant, transposez le discours direct en discours indirect et le discours indirect en discours direct (paroles rapportées telles quelles).

Je n'hésitai plus.
— Marie-Louise, votre père connaît tous les gens qui embauchent sur les quais. Pour quelques semaines, Lucien, ne peux-tu lui demander qu'il t'aide à trouver du travail ? C'est une solution provisoire, je sais que tu en es capable et tu nous sauverais.
— Pas ça, dit Marie-Louise la bouche ronde.
— Non, pas ça, répéta tout bas Lucien. Par-dessus la table, il agrippa le col de ma blouse.
— Je vois, dit-il, madame, non, mademoiselle a maintenant découvert un monde, elle a appris ce qu'est une grève, un chômeur, un travailleur. C'est sa nouvelle religion. Alors, pour son confort moral, elle imagine d'avoir un prolétaire au sein de la famille. C'est plus facile que de le devenir soi-même. Pourquoi n'as-tu jamais travaillé comme les autres ? Quelle excuse as-tu ? Pour m'élever ? Tu te mens à toi-même. Et si c'était pour m'élever, pourquoi aujourd'hui m'envoyer sur les quais ? C'est un peu tard. Que ne l'as-tu fait quand j'avais seize ans ?
Et, d'un seul trait, il dévida ses rancunes. On l'avait mis au collège. Au début, oui, au début, il avait été heureux. Mais plus tard ? Notre vanité, il l'avait payée cher.

C. Etcherelli, *Élise ou la vraie vie*, Denoël, 1967

2 Les entours du dialogue

Relevez les informations sur les gestes, la voix, les émotions, les sentiments des deux personnages et montrez leur nécessité pour éclairer le dialogue.

« J'ai couru », dit-elle.
Il lui jeta un regard à la dérobée :
« En quel état tu es ! tu vas attraper du mal...
— Oh ! Je suis résistante ! Ma jupe est lourde de pluie, j'ai les pieds trempés, et je ne me changerai que dans deux heures ! Mais ça ne fait rien, tu es là.
— Tu te négliges trop, Rose. Tu méprises trop... »
Elle l'interrompit, croyant que c'était une louange :
« Non, non... je ne suis pas plus courageuse qu'une autre, je n'ai aucun mérite à ne pas penser à certaines choses : rien n'a d'importance que nous deux », dit-elle à voix basse.
Elle approcha de ses lèvres le verre de malaga qu'on lui avait apporté.
« Il faudrait aussi penser à moi, dit-il, penser à la petite Rose que j'ai aimée... »
Elle le dévisagea avec étonnement. Il insista :
« Elle n'avait pas une jupe trempée de pluie, cette petite Rose, ni des souliers pleins d'eau, ni des mèches sous son vieux chapeau... Ce n'est pas un reproche, reprit-il vivement. Mais quelquefois, il faut me pardonner si je dois faire un effort... »
Elle ne le quittait pas des yeux. Il perdait pied :
« Je voudrais que tu aies pitié de toi-même... je veux dire : de ton visage, de tes mains, de tout ton corps... »
Elle cacha vivement ses mains sous la table. Elle était devenue pâle :
« Je ne te plais plus ?

F. Mauriac, *Les Chemins de la mer*, Ed. Grasset, 1939

RACONTER

COMMUNIQUER

ORDONNER SES IDÉES

EXPLIQUER

ARGUMENTER

ÉCRIRE UNE LETTRE

Le dialogue de théâtre

Tragique ou comique, le théâtre se définit d'abord par les dialogues. Mais ces dialogues assument des fonctions qui les rendent différents de ceux de la communication courante.

Le dialogue peut faire avancer l'action

☐ Comme il est impensable de restituer intégralement la fiction à laquelle on se réfère, on peut se servir des dialogues pour décrire un lieu, une scène absents, faire un récit (par exemple dans une scène d'exposition), annoncer une intention, une décision propres à créer une péripétie, un conflit.

☐ Le dialogue direct, les courtes réparties accentuent le rythme de l'action ; un monologue, un récit ou une description le ralentissent.

Le dialogue révèle la personnalité de celui qui parle

☐ Le niveau de langue doit être adapté à celui qui parle. Le dialogue direct, clair, vivant, permet un jugement rapide ou une identification à l'un des personnages. Les paroles sont liées à la mimique et à la gestuelle du personnage, à ses déplacements, mais aussi aux costumes et au décor. Ne pas négliger ces indications qu'au théâtre on appelle didascalies.

☐ Les paroles et les actes d'un personnage doivent symboliser son caractère et/ou son milieu social.

Dialogue, quiproquo, monologue, aparté

Le dialogue. Alors que la lecture permet l'arrêt et le retour en arrière, le dialogue de théâtre doit maintenir l'attention des spectateurs et leur intérêt. Il évite donc longueurs, délayage et développements trop abstraits.

Le quiproquo : un personnage parle à quelqu'un qu'il croit être un autre.

Le faux dialogue : on parle à un confident qui sert à renseigner le spectateur.

Le monologue : en fait le personnage parle pour renseigner les spectateurs.

L'aparté : le personnage s'adresse directement aux spectateurs, à l'insu des autres personnages.

Vocabulaire à utiliser

Paroles	Parler	Parler haut	Parler bas	Manière de parler
Mots, réplique, propos, discours, avis, allocution, oraison, harangue...	Dire, s'exprimer, énoncer, prononcer, reprendre, deviser, dialoguer, ajouter...	Crier, s'égosiller, tonner, tonitruer, gueuler, éclater...	Chuchoter, murmurer, marmotter, souffler, bredouiller...	• Articuler, bafouiller, balbutier, bégayer, jaser, pérorer... • Prolixe, loquace, bavard, décousu, laconique... • Directement, vivement...

RÈGLES DU DIALOGUE

Un bruit insolite et violent incite une étrange famille à se réfugier dans les étages de sa maison...

Énorme importance des didascalies

Importance symbolique du personnage

Étrange rencontre de la tragédie et de la banalité

Code oral

VOIX DU PÈRE. — Vite... un dernier effort !...

Il apparaît dans la pièce, muni d'une boîte à outils et de planches. Il s'affale, se relève et regarde autour de lui. Pendant ce temps-là, le reste de la famille émerge : Zénobie, la fille, qui a seize ou dix-sept ans. Anna, la mère, trente-neuf, quarante ans. Le père lui-même est un quinquagénaire barbu. Il y a encore la bonne qui se nomme Cruche, et tout ce monde porte des tas de paquets, valises. Il y a déjà, dans un coin, le Schmürz. Il est tout enveloppé de bandages et vêtu de loques. Il a un bras en écharpe et tient une canne de l'autre. Il boite, saigne et il est laid à voir. Il se tasse dans un coin.

PÈRE. — On y est presque, les enfants. Un ultime sursaut.
Le bruit se fait entendre à nouveau dans la rue, c'est-à-dire par-delà les fenêtres. Zénobie renifle.

MÈRE. — Ma chérie, voyons...
Elle va la caresser, mais le père l'arrête.

PÈRE. — Anna ! Vite un coup de main. C'est le plus urgent. *(Il se précipite à l'escalier dont il commence à barrer la volée descendante avec des planches ; elle court l'aider, et, au passage, aperçoit le Schmürz, s'immobilise, lui lance un mauvais regard et hausse les épaules).* Tiens la planche, je cherche un clou. *(Il fouille dans sa boîte à outils et trouve un clou).* En réalité, je devrais mettre des vis, mais ça pose des tas de problèmes.

Connotations de la stupidité

MÈRE. — Comment ça ?

PÈRE. — D'abord, je n'ai pas de vis. Ensuite je n'ai pas de tournevis. Troisièmement, je ne sais jamais de quel côté on tourne pour visser.

Registre de langue familier

MÈRE. — Comme ça...
Elle lui montre à l'envers.

PÈRE. — Non, c'est comme ça.
Il lui montre dans le bon sens — Le bruit s'enfle dans la rue, Zénobie hurle, furieuse.

ZÉNOBIE. — Allons, dépêche-toi !

PÈRE. — Où ai-je la tête... et toi qui me fais bavarder.
Il cloue.

MÈRE. — Comment, je te fais bavarder ?

PÈRE. — Ne nous disputons pas, ma chérie. *(Il se jette sur elle et l'embrasse violemment).* Ah, la, la, ce que tu m'inspires...

Le rôle des instincts

Il se remet à sa planche.

ZÉNOBIE. — J'ai faim.

MÈRE. — Cruche, donnez à manger à la petite.
Pendant ce temps-là, la bonne s'est affairée à tout ranger, évitant soigneusement d'approcher le Schmürz.

Boris Vian, *Les Bâtisseurs d'empire ou Le Schmürz*,
L'Arche Editeur, 1959

RACONTER
COMMUNIQUER
ORDONNER SES IDÉES
EXPLIQUER
ARGUMENTER
ÉCRIRE UNE LETTRE

Le texte de la bande dessinée

> La bande dessinée allie le texte et l'image pour constituer un genre narratif. Quelle part y prend le texte ? Comment le relier à l'image ? Quelles sont ses particularités ?

▄▄▄▄ Pourquoi le texte est-il nécessaire dans la B.D. ?

□ La vignette de B.D. a pour rôle de décrire un lieu ou une situation et de montrer les actions des personnages ou d'autres forces agissantes (exemple : l'avalanche). Réduite à elle-même, elle est polysémique : on peut en proposer plusieurs interprétations, imaginer plusieurs réparties pour un même personnage.

□ Le texte a pour premier rôle de réduire cette polysémie en apportant des interprétations univoques : on sait exactement ce que signifient un geste, une scène et ce que disent les personnages.

▄▄▄▄ Quels codes doit utiliser le texte ?

□ Les paroles ou les pensées d'un personnage apparaissent dans une bulle reliée au personnage par un appendice (traits pleins pour les paroles, petits cercles pour les pensées). Les encarts sont réservés au narrateur : il donne des précisions sur le lieu, le temps, les actions, ou bien fait un commentaire.

A la place des mots d'un personnage, il est parfois possible d'utiliser des pictogrammes codés qui figurent dans une bulle.

□ La fonction expressive du langage (sentiments, émotions...) peut se marquer par des interjections et les bruits peuvent être évoqués, dans l'image même, par des onomatopées. La forme et la grosseur des caractères précisent l'intensité, la soudaineté, la violence d'un sentiment.

▄▄▄▄ Comment assurer la liaison texte/image ?

□ Le sens de lecture. Un texte ordinaire se lit linéairement, de gauche à droite. Dans la B.D. c'est le cas dans le cadre de l'encart ou de la bulle mais ces divers textes sont juxtaposés et sont partie prenante de la vignette : par lequel faut-il commencer ? celui de l'encart ? celui de telle bulle ? l'onomatopée dans l'image ? Cette coexistence donne au texte un caractère synchrone.

Toutefois, conventionnellement, on admet que l'ordre des répliques est de haut en bas, de gauche à droite, de l'arrière-plan au premier.

□ La complémentarité. Le texte peut se référer à l'image en la nommant (« Attention ! Un ours ! »), en faisant parler les personnages (« En avant, toutes ! Il nous a vus... », formule que justifie l'image d'un poursuivant), en insistant sur un détail (« Une guêpe ! »), en annonçant la vignette suivante (« Mais que vois-je sur la colline ? »)

LA PLANCHE DE B.D.

Bruit de l'avalanche : onomatopée

Intensité (grosseur des caractères)

Liaison texte-image : le danger (vu) justifie les paroles

Paroles

Appendice

Intensité = gros caractères

Référence à l'image

Lire de haut en bas

Lettres tremblées = le risque, la peur

Encart : explication du narrateur

Lire de gauche à droite

Registre de langue courant

Français parlé

La vignette suivante est annoncée : liaison texte-image

Bob de Moor, *L'Expédition maudite*, Ed. Casterman, 1987

RACONTER

COMMUNIQUER

ORDONNER SES IDÉES

EXPLIQUER

ARGUMENTER

ÉCRIRE UNE LETTRE

Livrer ses impressions

Au sens étymologique, une impression est une empreinte : celle que la saisie du monde par les sens laisse sur une personne. En fait, impression et perception sont donc synonymes. Notes de voyages, journaux intimes, lettres mais aussi poésie et littérature : les impressions y dominent.

L'impression : déjà une interprétation ?

Les incessants stimulis que l'homme reçoit sont enregistrés et transformés en impressions. Mais le même stimulus, par exemple un coucher de soleil, n'éveillera pas chez tous les mêmes perceptions. C'est que la mémoire, l'intelligence et l'affectivité entrent en compte.

Savoir utiliser son clavier sensoriel

☐ Les habitudes, les automatismes acquis, les préjugés (cultiver ses impressions, c'est inutile, puéril), la dureté du travail oblitèrent souvent les impressions.
☐ Pour retrouver une perception et une expression personnelles, il faut s'efforcer de rééduquer ses sens : la vision et l'ouïe mais aussi — sens trop négligés — l'odorat, le goût et le toucher.

Comment transcrire ses impressions ?

☐ Les phrases peuvent être courtes, nominales, elliptiques : ce sont des phrases-notations, qui rendent compte du fourmillement sensuel du monde.
☐ Les mots doivent être très précis, qu'ils désignent ou qualifient. Les adjectifs ont donc une importance particulière. S'il faut capter un mouvement, les verbes ont le premier rôle.

Le vocabulaire

Vue	Ouïe	Odorat	Toucher	Goût
• Vision, regard, scène, panorama, nom des choses et des êtres vus... • Éblouissant, rutilant, brillant, éclatant, étincelant, resplendissant... • Minuscule, petit, grand, énorme, géant, long... • Voir, apercevoir, regarder, entrevoir, distinguer...	• Bruit, bruissement, bourdonnement, chuintement, clameur, ovation, applaudissements... • Aigu, perçant, strident, agaçant, sourd, éclatant, clair, sonore, léger, fort, faible, métallique, sec, prolongé, plaintif... • Entendre, ouïr, distinguer, discerner, écouter...	• Odeur, senteur, parfum, arôme, bouquet, effluve, exhalaison, fragrance, fumet, émanation, relent... • Balsamique, riche, subtil, net, aromatique, odoriférant, capiteux... • Sentir, embaumer, fleurer, humer, renifler, flairer, puer, infecter, empuantir...	• Tact, caresse, attouchement, gifle, soufflet, nom des choses et des êtres... • Souple, étoffé, chaud, brûlant, tiède, frais, froid, léger, lourd, soyeux, duveteux, humide, mouillé, moite, collant, sec, dur, gras... • Toucher, tâter, effleurer, presser, caresser, peser, palper, chatouiller...	• Nom des aliments et des boissons... • Acide, vert, acerbe, amer, astringent, sucré, doux, salé, épicé, insipide, aigre, piquant, sec, desséchant, gouleyant... • Goûter, manger, boire, savourer, déguster, avaler, dévorer, ingurgiter, manger, bouffer, grignoter, siroter...

VOCABULAIRE

Adjectifs dépréciatifs : dégoût, repas frugal

Scène insolite et naturaliste

Phrase nominale

Sitôt passée la douane, posada, où l'on nous sert saucisson noir et miteux fromage de chèvre. Au fond de la salle que la clarté du dehors fait obscure, un escalier aux marches d'ardoise ; sur la dernière marche s'assied une fillette nue. Elle regarde étriper un agneau, dont l'aubergiste suspend au plafond bas les viscères ; tout à l'heure, distraitement me levant, j'y donnerai du front. Notre guide, assis auprès de nous, saupoudre de sel gris une tomate. Sur la table, échappé du fromage, un maigre asticot caracole. La vieille aubergiste pèse le saucisson pour savoir ce que nous en avons consommé.
Prés humides ; rocs lumineux. Sur la Cerdagne heureuse, le val s'ouvre ; la lumière ruisselle du sommet des monts comme un lait .

Phrases elliptiques

Transcrit après

Métaphores

A. Gide, *Nouveaux prétextes*, Ed. Mercure de France

Comparaison

Impressions

Précision des adjectifs

Aspect d'un vin
Robe d'un beau jaune brillant et doré. Limpidité parfaite.

Comparaison

Nez
Le nez rappelle à la fois le cuir et la noix.
Bouquet riche et distingué.

Terme technique

Terme technique et métaphorique

Bouche
C'est très concentré. Bon équilibre entre la vivacité et le gras.
Saveurs discrètes de noix et d'épices.

Extrait d'une fiche de dégustation (vin jaune du Jura)

Métaphores

| RACONTER |
| COMMUNIQUER |
| ORDONNER SES IDÉES |
| EXPLIQUER |
| ARGUMENTER |
| ÉCRIRE UNE LETTRE |

Livrer ses sentiments

Les sentiments, même tempérés par la raison, concernent l'affectivité, le domaine sensible. Ils sont attirance ou rejet et, comme tels, dévoilent notre être le plus secret. Faut-il donc les exprimer ? Et comment ?

Importance des sentiments

□ L'expression des sentiments est souvent moquée dans un monde où la raison froide et la dérision semblent l'emporter. Or, sans les sentiments, l'homme serait amoindri, sourd au monde et à autrui, automatisé.

□ Réhabiliter les sentiments, c'est admettre la force des pulsions nées dans l'inconscient (constructrices ou destructrices) et des tendances qui les prolongent. Peines de cœur, plaisirs de la vie, répulsions, amour... tels sont les sentiments.

La syntaxe

□ Dans la phrase affective, la syntaxe doit correspondre aux émois, aux sentiments exprimés, en somme illustrer la fonction expressive du langage. On emploiera donc :
— des phrases courtes pour marquer la vivacité d'un sentiment ;
— des phrases longues et complexes pour dépeindre un état d'âme, des sentiments intimes ou contradictoires ;
— des phrases coupées, elliptiques, pour retrouver la spontanéité de l'oral ;
— des phrases exclamatives pour marquer la force du sentiment exprimé.
□ La phrase interrogative convient fort bien puisque les sentiments s'expriment dans la communication. On peut donc prendre à témoin, interroger, impliquer...

Le vocabulaire sentimental

L'expression des sentiments appelle un vocabulaire expressif, des mots à fortes connotations. D'où l'importance des adjectifs et des verbes.

	Noms	Verbes	Adjectifs
Aimer	Amour, passion, affection, amitié, concorde, entente, tendresse, fraternité, adoration, culte, dévotion, ferveur, ardeur, feu, cœur, fièvre...	Chérir, adorer, affectionner, brûler, languir, s'éprendre, s'embraser, cajoler, roucouler...	Épris, passionné, tendre, voluptueux, chaud, ardent, galant, câlin, angélique, céleste, chaste, platonique, affectueux, bienveillant...
Haïr	Haine, animosité, aversion, antipathie, colère, dégoût, horreur, hostilité, inimitié, exécration, rancune, rancœur, répulsion...	Abhorrer, détester, exécrer, rejeter, honnir, maudire, se venger, excommunier, répugner...	Haïssable, odieux, détestable, exécrable, insupportable, maudit, haineux...

L'ORGANISATION DU TEXTE

Pour échapper à un carrosse, Marianne a fait un écart mais elle est tombée et s'est tordu la cheville.

Marianne et le jeune homme

On me releva pourtant, ou plutôt on m'enleva, car on vit bien qu'il m'était impossible de me soutenir. Mais jugez de mon étonnement, quand, parmi ceux qui s'empressaient à me secourir, je reconnus le jeune homme que j'avais laissé à l'église. C'était à lui à qui appartenait le carrosse, sa maison n'était qu'à deux pas plus loin, et ce fut où il voulut qu'on me transportât.

Le lecteur pris à témoin

Sollicitude du jeune homme

Je ne vous dis point avec quel air d'inquiétude il s'y prit, ni combien il parut touché de mon accident. A travers le chagrin qu'il en marqua, je démêlai pourtant que le sort ne l'avait pas tant désobligé en m'arrêtant.
« Prenez bien garde à mademoiselle, disait-il à ceux qui me tenaient ; portez-la doucement, ne vous pressez point », car dans ce moment ce ne fut point à moi à qui il parla. Il me sembla qu'il s'en abstenait à cause de mon état et des circonstances, et qu'il ne se permettait d'être tendre que dans ses soins.

Timidité mais premier regard échangé

De mon côté, je parlai aux autres, et ne lui dis rien non plus ; je n'osais même le regarder, ce qui faisait que j'en mourais d'envie : aussi le regardais-je, toujours en n'osant, et je ne sais ce que mes yeux lui dirent ; mais les siens me firent une réponse si tendre qu'il fallait que les miens l'eussent méritée.

Phrase longue et données précises

Premiers émois

Cela me fit rougir, et me remua le cœur à un point qu'à peine m'aperçus-je de ce que je devenais.
Je n'ai de ma vie été si agitée. Je ne saurais vous définir ce que je sentais.

Naissance de l'amour : description

C'était un mélange de trouble, de plaisir et de peur ; oui, de peur, car une fille qui en est là-dessus à son apprentissage ne sait point où tout cela la mène : ce sont des mouvements inconnus qui l'enveloppent, qui disposent d'elle, qu'elle ne possède point, qui la possèdent ; et la nouveauté de cet état l'alarme. Il est vrai qu'elle y trouve du plaisir, mais c'est un plaisir fait comme un danger.

Accumulations, (l'émoi amoureux) répétitions, style parlé.

Marivaux, *La Vie de Marianne*

RACONTER

COMMUNIQUER

ORDONNER SES IDÉES

EXPLIQUER

ARGUMENTER

ÉCRIRE UNE LETTRE

Écrire un poème en vers

Des profondeurs de l'inconscient à la sensation immédiate, du désir sauvage de dire ses émois et ses rêves à la volonté d'exprimer ses peines et ses espoirs, la poésie a des sources multiples. C'est une affaire sérieuse, vitale et, sans inspiration, on n'est qu'un versificateur, pas un poète. Toutefois, la poésie implique aussi un savoir-faire, une somme de techniques qu'il est bon de dominer.

▰▰▰ Qu'est-ce qu'un vers ?

☐ La disposition du vers. Graphiquement, le vers commence par une majuscule. A la fin d'un vers, on va à la ligne pour écrire le suivant.

☐ La longueur du vers. Le vers se caractérise par sa longueur. Elle dépend du nombre de pieds, c'est-à-dire des syllabes qu'on doit prononcer.

En fin de vers ou, à l'intérieur, devant un mot commençant par une voyelle, le *e* muet ne se prononce pas : il doit être élidé.

Exemple : Le vent qui tourn(e) autour de la vie et l'emport(e) (P. Louÿs) = 14 syllabes mais 12 pieds seulement.

▰▰▰ La rime

La rime est la répétition, à la fin des vers, de la dernière voyelle accentuée, c'est-à-dire prononcée fortement, et de ce qui la suit : or/corridor, septembre/ambre.

▰▰▰ La richesse des rimes

Rimes pauvres	Rimes suffisantes	Rimes riches
Homophonie de la seule voyelle finale accentuée et de ce qui la suit : chevelure murmure	Homophonie de la voyelle finale accentuée et de la consonne d'appui : chevelure brûlure	Homophonie de la voyelle finale accentuée, de la consonne d'appui, et d'autres éléments la précédant : chevelure ciselure

▰▰▰ L'alternance et la disposition des rimes

☐ L'alternance. Il faut faire alterner les rimes féminines et les rimes masculines. Les rimes féminines sont celles des mots terminés par un *e* muet (trente/arborescente, poésie/fantaisie), les rimes masculines sont toutes les autres (pur/dur, nuit/luit).

☐ La disposition. L'alternance peut se réaliser de trois façons, selon la disposition des rimes.

Rimes plates :	AABB : ....chevelure/... murmure/... dureté/...démarré.
Rimes croisées :	ABAB : chevelure/... dureté/... murmure/... démarré.
Rimes embrassées :	ABBA : chevelure/... dureté/... démarré/... murmure.

▰▰▰ La strophe

☐ La strophe est un ensemble de vers correspondant à un système de rimes complet, du type ABBA ou ABAB. Elle est aussi un ensemble rythmique.

LE SONNET

Genre décrié à notre époque parce que ses règles sont strictes, le sonnet permet pourtant l'expression des sentiments les plus intimes ou les plus forts, des idées les plus person-nelles ou les plus nobles. On peut, sur ce poème de Guillevic, faire les remarques suivantes :

• *Le thème est très simple.*
• *Le dernier vers d'un sonnet est le plus important (résumé du texte, effet de chute, surprise...).*
• *Ce sonnet est irrégulier par les rimes des tercets, qui n'obéissent pas à la règle : CCD/EDE.*
• *Les rimes sont pauvres (explique/épisodique) ou suffisantes (soupiraux/sarraux).*

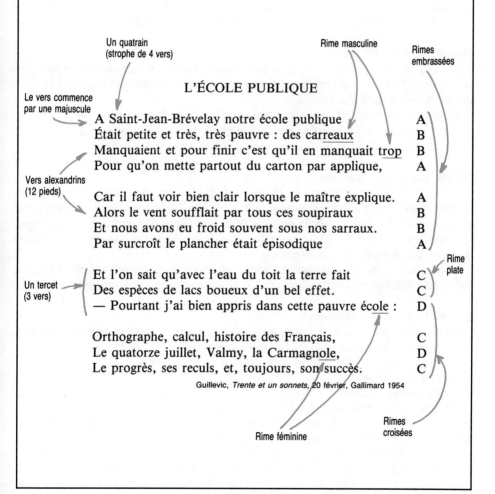

Un quatrain
(strophe de 4 vers)

Rime masculine

Rimes
embrassées

L'ÉCOLE PUBLIQUE

Le vers commence
par une majuscule

A Saint-Jean-Brévelay notre école publique   A
Était petite et très, très pauvre : des carreaux   B
Manquaient et pour finir c'est qu'il en manquait trop   B
Pour qu'on mette partout du carton par applique,   A

Vers alexandrins
(12 pieds)

Car il faut voir bien clair lorsque le maître explique.   A
Alors le vent soufflait par tous ces soupiraux   B
Et nous avons eu froid souvent sous nos sarraux.   B
Par surcroît le plancher était épisodique   A

Rime
plate

Un tercet
(3 vers)

Et l'on sait qu'avec l'eau du toit la terre fait   C
Des espèces de lacs boueux d'un bel effet.   C
— Pourtant j'ai bien appris dans cette pauvre école :   D

Orthographe, calcul, histoire des Français,   C
Le quatorze juillet, Valmy, la Carmagnole,   D
Le progrès, ses reculs, et, toujours, son succès.   C

Guillevic, *Trente et un sonnets*, 20 février, Gallimard 1954

Rime féminine

Rimes
croisées

RACONTER
COMMUNIQUER
ORDONNER SES IDÉES
EXPLIQUER
ARGUMENTER
ÉCRIRE UNE LETTRE

L'expression poétique libre

Un vieux conflit oppose les partisans des poèmes à forme fixe et ceux qui entendent échapper à leurs règles, jugées gratuites et stérilisantes pour l'inspiration. Du vers libre de La Fontaine à l'écriture automatique des Surréalistes, de nouvelles formes sont apparues qui n'ont d'ailleurs pas échappé à la codification.

Le vers libre

Lorsque les vers d'un poème riment mais qu'ils sont de longueur inégale on les appelle des vers libres. *Exemple :* la plupart des fables de La Fontaine.

Le vers libéré

Au milieu du 19e siècle, beaucoup de poètes ont commencé à refuser les règles classiques et ont utilisé des vers libérés. Ces vers sont de longueur inégale et la rime disparaît ou devient occasionnelle.

Cette liberté convient à l'expression des sentiments mais, pour éviter le prosaïsme, il faut compenser la disparition des rimes et du mètre traditionnel par les répétitions, le rythme, l'harmonie, la richesse des images.

L'écriture automatique

□ Désireux de libérer l'homme de la tutelle de la raison et des tabous, les Surréalistes ont exploré des voies qui conduisent à révéler l'existence du moi abyssal, né de l'inconscient. D'où les récits de rêve et la technique de l'écriture automatique, « dictée de la pensée en l'absence de tout contrôle exercé par la raison, en dehors de toute préoccupation esthétique ou morale ».

□ L'écriture automatique (on écrit rapidement, « sans sujet préconçu », et sans relire) fait surgir des images inattendues, qu'on peut reprendre dans un texte poétique.

Des mots nouveaux

Le poète crée des mots nouveaux, intéressants comme objets sonores, révélateurs d'un monde onirique ou de réalités insoupçonnées.

□ Les mots forgés, ou forgeries, sont créés de toutes pièces.

Sarcospèle sur Saricot,
Bourbourane à talico
On te bourdourra le bodogo. (H. Michaux)

□ Les mots-valises sont faits de la rencontre de deux mots par suppression-adjonction.

Exemples : L'éducastreur (éducateur + castrateur)
Brigoler (bricoler + rigoler)

□ Ces techniques sont libératrices pour l'auteur. Mais pour le lecteur ? Des mots opaques, des jeux systématiques sur le langage risquent de le lasser très vite.

VERS LIBRES ET VERS LIBÉRÉS

1 Vers libres : la rime subsiste

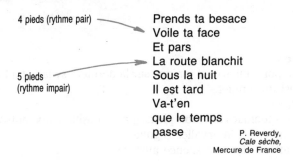

4 pieds (rythme pair)

    Prends ta besace
    Voile ta face
    Et pars
    La route blanchit

5 pieds
(rythme impair)

    Sous la nuit
    Il est tard
    Va-t'en
    que le temps
    passe

P. Reverdy,
Cale sèche,
Mercure de France

2 Vers libérés : la rime disparaît

Des vers comme
des... effluves

Rythmes pairs
et impairs (12, 8, 2, 7, 11, 9, 8)

    Il fait si doux ce soir que notre chair est lâche
    Et que nous sommes immortels.
    C'est l'heure
    Où les ombres se dédoublent,
    Où ceux que nous sommes parlent l'autre langue,
    Où l'amande lisse du désir
    Dans le corps ne peut plus crier.

J. Malrieu, *Le nom secret,* Ed. P.J. Oswald, 1968

Richesse des images

3 Le verset

Le vers libéré s'allonge,
occupe deux ou trois lignes :
c'est un verset

Orages qui passâtes au loin la nuit sur vos chars de ferraille, vous dispensez après vous des jours d'infinie bruine, et les toits luisants de larmes s'accoudent contre le ciel aveugle.

Un coquelicot crie dans l'orge bleue. Les bourdons, ci et là, plus lourds d'humidité que de pollen. De jeunes pommes ont le ventre qui gonfle. Comme tu te voiles le visage !

J. Grosjean, *Apocalypse,* Gallimard, 1962

Respiration secrète, vagues lyriques,
images sensuelles font un verset...

RACONTER

COMMUNIQUER

ORDONNER SES IDÉES

EXPLIQUER

ARGUMENTER

ÉCRIRE UNE LETTRE

Rythmer un poème

Le rythme naît du retour de temps forts à intervalles réguliers. La rime, les répétitions contribuent donc à rythmer le poème, mais les accents, les coupes et l'harmonie jouent le rôle essentiel.

▨▨▨ Accents toniques

☐ En français, chaque mot porte un accent tonique sur la dernière syllabe ou l'avant-dernière si la dernière est un e muet.

Exemple : ambul<u>ant</u>. solit<u>ai</u>re.

☐ Le poète utilise les accents toniques des mots pleins (par opposition aux mots vides : la, dont...) : il les fait « tomber » à intervalles réguliers.

La Nat<u>u</u>re t'att<u>end</u> dans un sil<u>en</u>ce aust<u>è</u>re

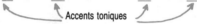 Accents toniques

▨▨▨ Le schéma rythmique

☐ Lorsqu'un vers comprend 2 ou 4 accents toniques, le rythme est binaire. Trois accents confèrent un rythme ternaire.

☐ Selon la succession et la longueur des mesures (ensemble de pieds entre deux accents), différents schémas rythmiques sont possibles.

Vers	Rythme régulier	Rythme symétrique	Rythme croissant	Rythme décroissant
Décasyllabe	5 + 5	3 + 2 + 3 +2	2 + 3 + 5	5 + 3 + 2
Alexandrin	3 + 3 + 3 + 3 (ou 4 + 4 + 4)	4 + 2 + 4 + 2	2 + 4 + 6	6 + 4 + 2

▨▨▨ Le jeu sur les coupes

☐ Les accents déterminent le rythme du poème. Ils sont suivis d'une coupe, ou arrêt bref entre deux mesures.

☐ Codifiées, les coupes ont été parfois rendues obligatoires. Ainsi l'alexandrin est coupé en deux hémistiches égaux par la césure, coupe obligatoire.

▨▨▨ Comment rompre le rythme

☐ <u>Les ruptures de rythme</u>. Nécessaires pour rompre la monotonie, marquer l'insistance ou provoquer un changement brusque, les ruptures de rythme se font par introduction d'un schéma rythmique nouveau ou par enjambement.

☐ <u>Deux cas d'enjambement</u>. Il y a rejet quand un groupe placé à la fin d'un vers se termine au début du vers suivant. Il y a contre-rejet dans le cas inverse : un mot à la fin d'un vers appartient à un groupe placé au vers suivant.

enjambement à l'hémistiche

Et quand la lune ayant / percé le fin duvet
Du nuage

Enjambement par rejet

L. Valade, *L'Avenue*

La césure coupe l'alexandrin en deux hémistiches égaux

Répétition du vers 1 = un leitmotiv

C'était au beau milieu/de notre tragédie
Et pendant un long jour assise à son miroir
Elle peignait/ses cheveux d'or/ je croyais voir
Ses patientes mains calmer un incendie
C'était au beau milieu de notre tragédie

L. Aragon, *Elsa au miroir*

Rupture de rythme : 3 mesures (rythme ternaire)

La rime, c'est la répétition, donc le rythme

Allongement par diérèse

Rythme croissant (2 + 3 + 5)

/Quand il est entré/dans mon logis clos/
/J'ourlais un drap lourd/près de la fenêtre,/
/L'hiver dans les doigts,/l'ombre sur le dos.../
/Sais-je depuis quand/j'étais là/sans être ?
/Et je cousais,/je cousais,/je cousais.../
/— Mon cœur,/qu'est-ce que tu faisais ?/

Marie Noël

Rythme croissant (2 + 6)

Le rythme binaire (2 hémistiches) convient à l'évocation paisible

Tout à coup, forte émotion : rythme ternaire

La répétition souligne le rythme

Les consonnes continues *(m, r...)* l'emportent sur les momentanées *(b, d, k, p, t)* = douceur, légèreté, fluidité

Les *é, è, e* et les nasales *(on, in...)* douces et voilées, accroissent la nostalgie, la fluidité

Même si la saison qui porte les raisins
Était bonne pour nous Ombre de Marie-Claude
Nous partirions vêtus de notre houppelande
Pour devenir brouillards ou fantômes peut-être

C. Hourton, *Résine*

Voyelles aiguës *(i, u)* = imminence du départ

Allitérations (s)

Rythme décroissant (5 + 3 + 3) et ternaire (3 mesures)

Rythme régulier binaire (4 mesures)

Nous n'appartenons/qu'au sentier/de montagne
Qui serpen/te au soleil/entre la sauge/et le lichen/
Et s'élan/ce à la nuit/chemin de crête/
A la rencon/tre des constellations/

J. Dupin, *Grand Vent*

Vers libérés (11, 14, 10 et 10 pieds) : le rythme ne peut venir du mètre ni de la rime, inexistante

Rythme croissant ternaire (3 + 3 + 4)

Rythme croissant binaire (4 + 6)

RACONTER

COMMUNIQUER

ORDONNER SES IDÉES

EXPLIQUER

ARGUMENTER

ÉCRIRE UNE LETTRE

Créer un calligramme

Inventés par Guillaume Apollinaire et d'abord appelés « idéogrammes lyriques », les calligrammes (« de calligraphie » et d'« idéogramme ») sont faits de mots ou de phrases disposés en dessin(s) se référant au thème, aux idées, aux sentiments que le texte contient.

Le calligramme de mots

Quand le calligramme porte sur un seul mot, on peut utiliser les techniques suivantes : emboîtement, mots image, jeux sur le sens.

☐ Emboîtement des lettres du mot, à la manière des poupées russes.

Exemple

Sentiment profond !

Michel Leiris,
« Amour », *Mots sans mémoire*, Gallimard.

Aspect ludique : formes évoquant l'œuf

☐ Une ou plusieurs lettres du mot deviennent des images.
LANT⚓N, nom d'une station balnéaire, évoque la voile et le soleil.
☐ Graphisme et typographie s'unissent pour créer des connotations (sens seconds). Utilisé dans beaucoup de logos.

Lettres imbriquées : union étroite, bonne synchronisation

Un élan et de l'allant

☐ Les lettres suivent des lignes dont la signification symbolique correspond au sens du mot.

Le calligramme de phrases

La disposition des phrases peut suivre deux logiques :
— mise en page du texte, avec un nouvel ordre de lecture ;
— les phrases suivent un dessin qui évoque leur sens, ou bien donnent un nouveau sens au texte.

Publicité pour un caméscope *Panasonic*

Apollinaire, *Calligrammes*, Gallimard 1925

EXERCICES

1 Inventer

En utilisant différentes techniques (emboîtement, lettres devenues images, utilisation de lignes), créez des calligrammes à partir des mots suivants : navire, guirlande, feu, Paris, eau, grotte, tulipe.

2 Transformer

Créez des calligrammes de phrases à partir du poème suivant, intitulé "La colombe poignardée et le jet d'eau"

Douces figures poignardées
Chères lèvres fleuries
Mia Mareye
Yette Lorie
Annie et toi Marie
Où êtes-vous ô jeunes filles
Mais près d'un jet d'eau qui pleure
                    [et prie
Cette colombe s'extasie

Tous les navires de naguère
Ô mes amis partis en guerre
Jaillissent vers le firmament
Et vos regards en l'eau dormante
Meurent mélancoliquement
Où sont-ils Braque et Max Jacob
Derain aux yeux gris comme l'aube
Où sont Raynal Billy Dalize
Dont les noms se mélancolisent
Comme des pas dans une église
Où est Cremnitz qui s'engagea
Peut-être sont-ils morts déjà
De souvenirs mon âme est pleine
Le jet d'eau pleure sur ma peine

Ceux qui sont partis à la guerre
Au nord se battent maintenant
Le soir tombe ô sanglante mer
Jardins où saigne abondamment
Le laurier rose fleur guerrière

G. Apollinaire, « Étendards », *Calligrammes*,
Ed. Gallimard 1918.

3 Typographie

Les « mots en liberté » de Marinetti et des Futuristes italiens, créés en 1912, sont fondés sur la libre disposition typographique et le libre dessin des lettres et des mots.

Inspirez-vous de cette technique pour « spatialiser » sur une page des mots et deux ou trois dessins de votre choix, éventuellement découpés dans un journal (titres et intertitres).

J. Pierre, *Le Futurisme*, Ed. Rencontre, 1966

RACONTER

COMMUNIQUER

ORDONNER SES IDÉES

EXPLIQUER

ARGUMENTER

ÉCRIRE UNE LETTRE

L'article de presse

A l'origine d'un article de presse, il y a toujours un événement, c'est-à-dire un fait qui échappe à la normalité et à la grisaille du quotidien, sur les plans les plus divers. Ainsi, un séisme, une guerre, un accident mais aussi un match de rugby ou un festival de rock sont des événements. Pour en rendre compte, il faut utiliser des règles spécifiques de composition et de présentation.

Choisir un angle de vision

Selon le public et le sujet traité, plusieurs angles de vision sont possibles.

La vision du généraliste	Raconter l'événement en insistant sur ses différents aspects, l'expliquer, le commenter, en montrer les conséquences. *Exemples :* articles politiques des grands quotidiens.
La vision du spécialiste	Privilégier un type d'approche : politique, sociologique, économique, etc. *Exemple :* articles de revues spécialisées.
La vision du ou des témoins	Rapporter l'événement du point de vue d'un ou de plusieurs témoins (=focalisation) qu'on présente brièvement et que l'on fait parler. *Exemple :* un reportage à chaud sur un cataclysme, un hold-up, une finale sportive.
Le simple procès-verbal	S'interdire tout jugement. S'efforcer de rapporter le plus objectivement possible. *Exemple :* un flash d'information, un communiqué de presse.

Un même article peut présenter différents angles de vision.

Prévoir deux circuits de lecture

Le lecteur potentiel est souvent pressé, fatigué, blasé. D'où la nécessité, dans le même article, de lui offrir deux circuits de lecture.

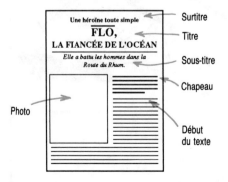

Photo

Une héroïne toute simple — Surtitre

FLO, — Titre

LA FIANCÉE DE L'OCÉAN

Elle a battu les hommes dans la Route du Rhum. — Sous-titre

— Chapeau

Début du texte

Un circuit court. Il comprend le surtitre, le titre, le sous-titre, le « chapeau » qui résume l'essentiel de l'article, éventuellement une ou plusieurs photos. Cet ensemble devrait contenir 80 % des informations à transmettre.

Un circuit long. C'est l'article lui-même, auquel on se réfère pour en savoir plus. Plus il est long et plus il faut le couper d'intertitres qui le balisent en le résumant rapidement.

LE FONCTIONNEMENT D'UN ARTICLE

Surtitre

Titre

Chapeau :
il livre le sujet
de l'article
en doublant
titre et surtitre

La vision
d'un premier
témoin : deux
faits qui
semblent liés

L'auteur cite
les paroles
du témoin

Le premier
témoin semble
fiable

Le circuit court
de lecture :
qui ? quoi ?
où ? quand ?

PANTHÈRE DU LOT-ET-GARONNE
Deux veaux dévorés ?

Deux veaux ont été égorgés
à Saint-Romain-le-Noble. Dimanche,
un chasseur a affirmé avoir vu la « panthère »

JEAN-MICHEL DESPLOS

Étrange coïncidence : dimanche, un chasseur qui participait à une battue aux sangliers sur la commune de Saint-Caprais-de-Lherm, à quelques kilomètres d'Agen, a aperçu un animal noir avec une longue queue qu'il décrit être une « panthère ». Cet homme, André Borys, 57 ans, est agriculteur et élève des blondes d'Aquitaine sur des terres voisines, à Saint-Romain-le-Noble. Il y a un mois environ, dans une prairie, deux veaux de un jour ont été égorgés, éventrés et entièrement dévorés par un animal. *« J'ai pensé à un chien sur le moment, mais les chiens s'attaquent aux moutons et ils ne les mangent pas. »* André Borys n'a pas voulu déposer de plainte, ni alerter son entourage. Aujourd'hui, il fait le rapprochement avec l'animal qu'il a identifié il y a quarante-huit heures comme étant une « panthère ». *« Les veaux ont été disséqués en très peu de temps, même un renard ne fait pas de tels dégâts. »*
André Borys chasse depuis l'âge de 13 ans et connaît la campagne comme le fond de sa poche. *« La bête était dans un chaume fraî-*

chement disqué, on pouvait très bien la distinguer. » Le chasseur est formel et indique avoir vu le félin se diriger vers un bois avant de disparaître.

ANIMAL NOIR

Un autre membre de la battue a remarqué *« un animal noir qui luisait au soleil »*, mais a été moins affirmatif devant les gendarmes. Les chiens ont donné de la voix sur plusieurs centaines de kilomètres pour finalement débusquer un… chevreuil.

En Lot-et-Garonne, la « panthère » alimente les conversations. Aperçu en de nombreux points du département ces derniers jours, le présumé félin pourrait être « un gros chat ou un chien », selon des gendarmes, dont les récentes expertises d'empreintes — concluant à la patte d'un chien — viennent d'être corroborées par le Muséum d'histoire naturelle de Paris. D'autres pensent qu'il s'agit tout simplement d'un moyen pour écarter les chercheurs de champignons… La « panthère » reste introuvable et l'intrigue demeure.

Sud Ouest, 8/9/98

Intertitre

La vision
d'un deuxième témoin

Des commentaires
dans tout le
département :
panthère ? chat ?
chien ? animal
imaginaire pour
effrayer les
chercheurs de
cèpes ?

Humour

Le circuit long de lecture (= article lui-même)
répond aux questions qui ? quoi ? où ? quand ?
comment ? pourquoi ?

RACONTER

COMMUNIQUER

ORDONNER SES IDÉES

EXPLIQUER

ARGUMENTER

ÉCRIRE UNE LETTRE

L'article de reportage

Le voyage s'est démocratisé. D'où ces multiples articles, dans la presse quotidienne ou dans les revues spécialisées, sur les pays et les civilisations lointaines mais aussi sur une région à redécouvrir, un monument oublié, la vie insolite d'un groupe.

▰▰▰ Comment préparer un article de reportage ?

☐ Avant de se rendre dans le pays, étudier cartes, atlas, livres et revues.
☐ Pendant le voyage, prendre des notes sur un simple carnet.

▰▰▰ De quoi faut-il parler ?

Le reportage s'adresse à un lecteur qui entend être informé sur un pays, un groupe, et à qui il faut donner l'envie et les moyens pratiques de s'y rendre. D'où la nécessité de faire passer les informations suivantes.

Où ?	Situation générale du pays, données numériques...	Quoi ?	Descriptions géographiques. Ce que l'auteur a vu, apprécié, vécu. Quel fut son itinéraire ?
Quand ?	S'impliquer : quand y suis-je allé ? Le temps, l'époque...	Comment ?	Conditions du reportage.
Qui ?	Les hommes, leurs travaux, leurs joies et leurs peines. Hier et aujourd'hui.	Comment s'y rendre ?	Renseignements pratiques.

▰▰▰ Faut-il être objectif ?

☐ Oui, dans la mesure où le lecteur attend la vérité sur un pays ou sur des hommes mais, sous peine de lasser, on dira l'essentiel. Ce choix est déjà subjectif.
☐ Non, dans la mesure où il faut faire rêver le lecteur et le convaincre de visiter le pays. On pourra donc :
— utiliser le JE et le VOUS de connivence,
— faire de la géographie poétique (style imagé, impressions, etc.),
— insister sur des événements vécus, présenter des anecdotes.

▰▰▰ Quels visuels utiliser ?

☐ Une petite carte simplifiée est indispensable.
☐ Une ou deux photos, illustrant l'article, rendront le pays et les hommes présents.

▰▰▰ Quand donner les renseignements pratiques ?

☐ Si l'article est un récit linéaire, on peut donner les indications au fur et à mesure (routes, villes et villages, points d'arrêt, moyens de transport...)
☐ Dans les autres cas, on peut les regrouper, à part, en fin d'article, ou bien les mettre en valeur dans un encadré qui constituera un visuel intéressant.

Titre de rubrique ⟶ **ÎLES OUBLIÉES**

Titre ⟶ # HOËDIC

Situation générale (où ?) ⟶

Moyen d'accès (comment ?) ⟶

Rivalités (qui ?) ⟶

« Je » de connivence et d'implication ⟶

Portrait des îliens (qui ?) ⟶

Le travail (qui ?) ⟶

Parmi les îles qui ceinturent le sud de la grande baie de Quiberon, Hoëdic est la plus petite et la moins connue. Un constat qui lui a valu le surnom de caneton. Elle n'est pourtant pas la moins intéressante, bien au contraire. On y arrive à la suite d'une traversée de plus d'une heure à travers les courants de la Teignouse et de la chaussée du Béniguet et après une courte escale à Houat. Le *Men-ar-Vag*, le bateau qui assure les liaisons des deux îles avec la presqu'île de Quiberon, est la matérialisation des petits conflits et des mesquines rivalités qui règnent entre ces deux voisines. Men-ar-Vag est le nom d'un rocher situé dans le passage des Sœurs, exactement à équidistance de Houat et de Hoëdic. Il s'agissait de ne froisser personne en baptisant le bateau ! Mais que les visiteurs se rassurent, ces histoires, les îliens les gardent pour eux et savent accueillir leurs hôtes avec beaucoup de gentillesse. | Mon | passage coincidait avec la fête de l'école, juste avant les vacances de Noël. Sans bien comprendre ce qui | m' | arrivait, | je me | suis rapidement retrouvé un des leurs, à partager les énormes gâteaux bretons que les mamans avaient préparés et à chanter des chansons de marins avec la dizaine d'enfants qui fréquentent l'unique classe de l'école d'Hoëdic. Le lendemain dimanche, ils | m' | ont même chargé de la promenade d'Omega, le gros berger allemand du curé. Sur une si petite île, un chien de ce rang, c'est quelqu'un et | j' | ai vite mesuré l'importance de la mission !
Les Hoedicais sont tous de grands marins qui partent pour la journée draguer les hauts fonds du côté de l'île aux Chevaux ou de la chaussée du Béniguet. Le soir, leurs petits canots colorés s'alignent à l'abri de la digue du nouveau port. Curieusement, le village occupe le point le

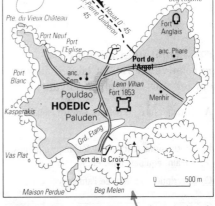

Carte simple mais explicite (quoi ?) ⟵

A voir (quoi ?) ⟵

plus haut de l'île et les petites maisons ne se blotissent pas les unes contre les autres comme c'est souvent le cas sur les côtes bretonnes. L'Église Notre-Dame-de-la-Blanche (très belle voûte en bois peint au-dessus de la nef) se tient à l'écart du village en compagnie d'un ancien sémaphore. Bien sûr, comme toutes les îles du littoral, Hoëdic possède ses fortifications. Mais celles-ci ne sont pas l'œuvre de Vauban et le fort qui occupe le centre de l'île et qui devait repousser les Anglais ne fut jamais armé et pas davantage attaqué.
Pour s'y rendre : embarquement à la gare maritime de Port-Maria-de-Quiberon. Un bateau tous les jours sauf le jeudi et l'aller-retour dans la journée le vendredi et le dimanche seulement. Durée de la traversée : 1 heure 45. Prix : 71 F aller-retour. Renseignements auprès de la Compagnie morbihannaise de navigation. Tél. 97.50.07.08.
Conseil de saison : elle vaut autant par ses habitants que par son site sauvage et nous ne lui connaissons pas vraiment de mauvaise saison...
Sur place : un seul hôtel est ouvert en saison : Les Cardinaux, Tél. 97.52.37.27.

Renseignements pratiques : moyen d'accès, saisons, hébergement, carte ⟵

Grands reportages, hors série, juin 1990

COMMUNIQUER

L'article sportif

Le sport est devenu un phénomène de société, abondamment médiatisé. Journaux et revues spécialisées lui accordent une place privilégiée à travers des articles d'une assez grande variété mais qui n'échappent pas à quelques règles impératives.

Quel plan adopter ?

Une relative liberté est laissée au journaliste. Toutefois, l'article inclut obligatoirement les sous-ensembles suivants :

A Titrage : titre et, parfois, surtitre, sous-titre	**E** Retours en arrière (entraînement, résultats précédents, origine des joueurs...)
B Informations strictement techniques (temps, terrain, équipes, buts, etc.)	**F** Jugements de valeur sur la rencontre, les acteurs, le public
C Description du lieu, de l'ambiance	**G** Pronostics : avenir des gagnants et des perdants, prochaines rencontres
D Récit de la rencontre et temps forts	**H** Photos : toujours légendées

A et B sont toujours au début. Ensuite, l'ordre peut varier.

Les repères du temps

Toute épreuve sportive est découpée par des buts, des points gagnés, des avances ou des reculs qu'il faut systématiquement minuter puisqu'ils ponctuent des temps forts.

Comment désigner les acteurs ?

Par leur nom certes mais il serait fastidieux de répéter dix fois le nom d'un sportif dans l'article. On peut lui substituer son prénom, sa nationalité, une périphrase le qualifiant et rappelant ses exploits, ses humeurs, etc.

Quel vocabulaire employer ?

□ Vocabulaire technique, souvent emprunté à l'anglais : ring, challenger, puncheur, set, out, penalty. Tendance actuelle : retour aux termes français.
□ Vocabulaire symbolique, à travers les figures de style les plus diverses : on attire l'attention, on divertit, on exige un effort de décodage. *Exemple :* « Le Grand Prix a démarré sur les chapeaux de roue. »

La connivence journaliste/lecteur

□ Le grand sportif devient un héros mythique auquel on veut ressembler et s'identifier. Mais le sport a aussi ses méchants, ses traîtres, ses mal-aimés, ses retournements de situation (le faible vainc le fort). Il faut portraiturer, utiliser le suspense.
□ L'humour doit conserver ses droits : le sport, c'est le jeu, pas la guerre !

1. Dans l'article suivant, montrez que les sous-ensembles A,B,C,D,E,F,G,H sont présents.
2. Dans quel ordre sont-ils utilisés ? Pourquoi ?
3. Étudiez le rôle des titres, du chapeau et de l'intertitre (disposition, contenus, typographie).
4. Relevez les principaux effets de style et analysez-les.

L'Italie en bleu mineur

Italie-Autriche
(1 - 0)

Pour avoir manqué de réalisme, la Squadra azzura a dû attendre l'entrée en jeu du remplaçant Schillaci pour battre une bonne équipe autrichienne (1-0).

ROME. – Temps superbe, belle pelouse, excellent éclairage. 80 000 spectateurs. Arbitre : M. Wright (BRE). Mi-temps : 0-0.

ITALIE : Zenga (1) ; Bergomi (3) ; Ferri (6) ; Baresi (2) ; Maldini (7) ; Ancelotti (9) ; Donadoni (17) ; De Napoli (11) ; Giannini (13) ; Carnevale (16) ; Vialli (21).

AUTRICHE : Lindenberger (1) ; Russ (7) ; Pecl (3) ; Streiter (18) ; Aigner (2) ; Schoettel (5) ; Linzmaier (10) ; Artner (8) ; Herzog (20) ; Polster (9) ; Ogris (13).

But pour l'Italie : Schillachi (79e) Avertissement chez les Autrichiens : Herzog (6e)

Remplacements chez les Italiens : Ancelotti par De Agostini (46e), Carnevale par Schillachi (78e) ; chez les Autrichiens : Artner par Zaak (61e), Linzmaier par Yortwagl (75e).

Il y a cinquante-six ans, presque jour pour jour, les Azzuri avaient disputé, dans le stade du parti fasciste, une mémorable finale du premier Mondiale italien. Sinistre rendez-vous de l'Histoire que ce 10 juin 1934 même s'il correspondit à un large succès de la Squadra. Hier soir, à Rome, sous un ciel aussi bleu que les maillots adulés par des tifosi déchaînés, il fallait entamer une autre campagne. Les résultats connus à ce jour la rendaient bien incertaine puisque les « têtes » tombaient aussi facilement que les certitudes.

Dès les hymnes nationaux on sentit pourtant que pour toute une nation le doute n'était pas permis. Immense Vésuve humain, le cratère olympique était acquis à la cause italienne. Il connut sa première véritable explosion lorsque Carnevale se retrouva en tête à tête avec Lindenberger. La frappe du Napolitain était détournée du bout des doigts par le gardien autrichien (5e). Le stade laissait échapper un énorme soupir de déception avant de manifester sa réprobation sur une faute répréhensible d'Herzog sanctionnée par un carton jaune.

Occasions manquées

La Squadra monopolisait le ballon sans parvenir toutefois à approcher la zone de vérité adverse. Il fallut une frappe somptueuse de Carnevale pour que le stade frémisse (13e). Mais Lindenberger s'interposait avec brio. Les Azzuri ne parvenaient pas à forcer le destin. Une erreur autrichienne aurait pu éclaircir la situation. Vialli, en renard des pelouses, intercepta une passe hasardeuse vers le portier tyrolien. Son tir frôla le montant.

Peu à peu, les Italiens réglaient la hausse. A l'issue d'une impeccable action collective, Ancelotti expédiait un « boulet » qui tutoyait le cadre des cages autrichiennes (22e).

Le ciel n'était pas encore avec les Transalpins. (...)

Le salut vint de Schillaci, le remplaçant le plus rapide du Mondiale puisqu'après quelques secondes sur la pelouse, il exploitait victorieusement de la tête un centre parfait de Vialli (83e). Un exploit que son prédécesseur Carnevale avait vainement poursuivi jusqu'alors. Le stade chavirait de bonheur car le plus dur était fait. Malgré leur manque flagrant de réalisme, les Italiens tenaient en effet un précieux succès inaugural.

Sud-Ouest Dimanche, 10 juin 1990

RACONTER
COMMUNIQUER
ORDONNER SES IDÉES
EXPLIQUER
ARGUMENTER
ÉCRIRE UNE LETTRE

La notice culturelle

> La notice culturelle est un texte généralement court, parfois associé à une image ou à un schéma, sur un sujet scientifique, artistique, touristique, historique... Elle correspond à un besoin presque d'information auquel répondent la presse, nombre d'ouvrages spécialisés (dictionnaires, guides), des livrets ou des dépliants.

Comment concevoir une notice culturelle ?

Types	Supports	Contenus
Notice biographique	Presse Ouvrages spécialisés Couvertures de livres	On présente succinctement la vie et l'œuvre d'un auteur, d'un peintre, d'un chercheur. L'étude peut être chronologique et analytique ou bien synthétique, par centres d'intérêt. Intertitres conseillés. Une photo peut être jointe.
Notice sur une œuvre	Presse. Ouvrages spécialisés. Catalogues (musée, exposition). Couvertures de livres	• Texte en général très court, qui peut même se réduire à un paragraphe : il faut alors vraiment livrer l'essentiel. • Dans une étude plus longue, prévoir deux ou trois « entrées », par exemple en distinguant le résumé de l'œuvre, les centres d'intérêt, les jugements de valeur.
Notice sur un lieu culturel (musées, expos)	Catalogues Livrets Dépliants	Cette notice peut être relativement longue. Il est donc nécessaire de prévoir plusieurs parties (intertitres recommandés), d'inclure une image ou un schéma (exemple : plan d'un musée), de soigner la mise en page.
Notice touristique	Presse Guides Dépliants	• Sujets les plus divers, de la géographie au circuit touristique, de la présentation d'un monument à celle de la faune d'une région. • Le texte est en général court et complété par des documents (photos, schémas, etc.).

Comment assurer la lisibilité ?

☐ Une notice culturelle s'adresse à tous. Il importe donc d'adopter un style simple (utiliser un registre de langue commun), direct (éliminer tout verbiage) et précis.

☐ Il est souvent nécessaire d'utiliser un vocabulaire technique. On prendra soin d'expliquer rapidement les mots en intégrant cette explication (après *c'est-à-dire* entre parenthèses) ou en insérant un petit lexique (notice dans un guide, dépliant).

☐ L'auteur de la notice doit rechercher le maximum d'objectivité dans la présentation et la sélection des informations. Dans certains cas, il peut prendre parti (jugement sur une œuvre, intérêt d'un édifice) : bien séparer l'analyse objective de cette prise de position.

☐ La lisibilité sera renforcée par le travail typographique (variété des caractères, interlignes), un document graphique ou une photo correctement légendés.

☐ Dans le cas de notices longues ou composites, on favorisera la lisibilité en travaillant la mise en page, en introduisant la couleur, en utilisant plusieurs images ou schémas, en mettant en valeur une information, une anecdote, des données numériques dans un encadré (le texte est présenté dans un carré ou un rectangle).

★ HAUTVILLERS

811 h

Informations codées

Carte Michelin n° **56** pli 16 ou **241** pli 21 (6 km au Nord d'Épernay) — Schéma p. 65.

Référence à une autre page

Évocation du village

Intérêt artistique

Hautvillers est un bourg séduisant, à la fois vigneron et résidentiel, accroché au versant Sud de la Montagne de Reims *(p. 78)*. Le village a gardé ses demeures anciennes à portail en « anse de panier » qu'agrémentent des enseignes en fer forgé. Il s'enorgueillit de faire partie des « trois bons coteaux vineux d'Ay, Hautvillers et Avenay ».

L'homme célèbre

D'après la tradition, c'est **dom Pérignon** (1638-1715), procureur et cellerier de l'abbaye bénédictine, qui, le premier, eut l'idée de faire mousser le vin de Champagne, en étudiant et en dirigeant le phénomène de double fermentation *(voir p. 36)*.

(Photo J. Botin)

Hautvillers. — Une enseigne.

L'image témoignage : enseigne qui symbolise le lieu

Ce moine au teint fleuri était un grand connaisseur ; il étudia de près la vinification et fut le premier à procéder au « mariage » des crus entre eux pour former des « cuvées ».

Citation plaisante

« Bon vin le matin
Sortant de la tonne
Vaut bien le latin
Qu'on dit en Sorbonne ».

Intertitre

Ancienne abbatiale. — Elle a été fondée en 660 par saint Nivard, neveu du « bon roi Dagobert ».

Historique

Au 9e s., l'abbaye et son scriptorium furent un centre de rayonnement artistique des plus brillants de l'Occident : les beaux manuscrits carolingiens de l'« **école de Reims** » y furent réalisés *(voir p. 25)*.

A voir

A l'extrémité du bourg, une allée conduit à l'abbatiale. Admirer le chœur des moines (17e-18es.) orné de boiseries de chêne, de stalles exécutées à la fin du 18e s. à Signy-l'Abbaye et de grands tableaux religieux, parmi lesquels deux œuvres remarquables de l'école de Philippe de Champaigne : saint Benoît assistant sainte Scholastique et saint Nivard fondant l'abbaye d'Hautvillers ; un grand lustre formé de quatre roues de pressoir surmonte le maître-autel. Dalle funéraire de dom Pérignon « cellarius ». *Guide Vert* « Champagne-Ardennes », 1991, Michelin

RACONTER
COMMUNIQUER
ORDONNER SES IDÉES
EXPLIQUER
ARGUMENTER
ÉCRIRE UNE LETTRE

Le communiqué de presse

> Le communiqué de presse est un texte très court de stricte information envoyée par un service, une entreprise, une organisation à un journal qui le publie en général in extenso.

▬▬▬ L'envoi du communiqué

<u>Premier cas.</u> On envoie une lettre au rédacteur en chef d'un journal pour lui demander d'informer le public. On y indique, impérativement, l'objet du communiqué et sa teneur, les précisions de lieu, de date et d'heure de l'événement, les participants (fonctions, titres officiels). Le rédacteur en chef conserve son autonomie : c'est lui qui décide des informations à transmettre.

<u>Second cas.</u> On envoie une lettre très courte dans laquelle on demande d'insérer un communiqué joint. C'est une pratique fréquente, surtout quand on a l'habitude de correspondre avec un journal.

▬▬▬ Différents types de communiqués

Annoncer une réunion	Toujours donner : — le nom et les coordonnées des organisateurs, — le lieu, la date et l'heure, — la durée approximative, — l'ordre du jour précis, — le nom et les fonctions des personnalités (Président, personnes invitées, intervenants…).
Annoncer une manifestation	Suivre les directives précédentes. On peut insister sur l'intérêt de la manifestation, rappeler ses origines, souhaiter une large participation. Cette annonce peut prendre la forme d'un programme. *Exemples* : un Salon du livre, une exposition, une kermesse, une semaine commerciale.
Annoncer les activités d'un organisme	Outre les coordonnées de l'organisme, il faut préciser sa raison d'être, son programme, les modalités d'inscription… *Exemples* : une société sportive, un centre aéré, une collecte de sang.
Annoncer un résultat, faire un bref rapport	Le texte est souvent plus personnel : on s'interroge sur les succès ou les échecs de l'action entreprise, on félicite et on critique, on invite à renouveler cette action. Parfois, un communiqué laconique suffit. Exemple : les résultats sportifs d'une équipe locale.
Annoncer une modification locale	Bien indiquer le lieu, la ou les dates, la durée, éventuellement les nouveaux itinéraires, appeler à la prudence, etc. Justifier la gêne momentanée et, pour la faire admettre, en appeler à l'esprit critique. *Exemple* : travaux de voierie.
Annoncer un rectificatif	C'est une note très brève avec des indications de lieu et de date, une justification du changement, parfois des excuses. *Exemple* : une réunion repoussée.

MODÈLES DE COMMUNIQUÉS

1 Pour annoncer une réunion

Objet

Organisateurs

Date et heure

Lieu

Attirer l'attention

> ### Assemblée générale
> ### des chasseurs
>
> L'Amicale Saint-Hubert des chasseurs d'Ossun informe ses adhérents que l'assemblée générale aura lieu le vendredi 27 juillet, à partir de 21 heures, à la salle des fêtes d'Ossun.
>
> **Ordre du jour :** Rapports moral et financier ; élection du tiers sortant.
>
> Les personnes désirant faire partie du conseil d'administration doivent en faire la demande au président par lettre recommandée, quinze jours avant la date de la réunion. Aucune autre demande ne sera prise en considération.

Destinataires

Directive précise

2 Pour annoncer une manifestation

Objet

L'introduction : elle rappelle le passé

> ### Exposition minéralogique
> ### internationale
>
> L'an dernier, elle avait connu un grand succès. Les organisateurs récidivent donc les 11, 12 et 13 août à la salle Curral. Cette année, elle rassemblera des exposants français, suisses, italiens et même australiens. Les cristalliers du Mont-Blanc seront présents avec leurs découvertes les plus récentes, de même qu'un orpailleur célèbre qui fera une démonstration de collecte d'or. Enfin, un expert international sera présent durant ces trois journées pour identifier les trouvailles des visiteurs. Durant trois jours, Sallanches sera donc le rendez-vous des collectionneurs et amateurs des merveilles de la nature.
>
> L'exposition sera ouverte aux horaires suivants : de 10 h à 12 h 30 et de 14 h à 19 h 30.

La nouveauté :
1. origine
2. participants
3. événement

La promesse : elle « accroche » le spectateur et le transforme en participant actif.

La conclusion : elle annonce le futur.

Horaires

RACONTER

COMMUNIQUER

ORDONNER SES IDÉES

EXPLIQUER

ARGUMENTER

ÉCRIRE UNE LETTRE

Titres et intertitres

> Dans la presse du siècle dernier, les titres, simples repères de début d'article, avaient une importance minime. Aujourd'hui, titres et intertitres peuvent occuper 15 % de la surface d'un journal et beaucoup de lecteurs ne lisent qu'eux. Il faut donc les rendre au maximum accrocheurs et informatifs.

Titre, surtitre, sous-titre, intertitre

Un seul titre ne suffit pas. Pour un article de presse, on peut associer surtitre, titre, sous-titre et chapeau.

Titrage	Définitions
Titre de rubrique	Classe l'article dans un sous-ensemble du journal. *Exemple :* Événement.
Surtitre	Titre secondaire placé au dessus du titre principal. *Exemple :* Circulation.
Titre	Groupe de mots, phrases désignant l'article et annonçant le sujet. *Exemple :* La France au pas.
Sous-titre	Titre secondaire placé après le titre principal. *Exemple :* Bouchons énormes et accidents mortels.
Chapeau	Texte bref à la suite des titres : il annonce, résume l'article. *Exemple :* Depuis quinze jours, la circulation est partout freinée et parfois stoppée. 6 morts à Saint-Étienne, 8 à Lille, 32 blessés... Jusqu'où cette inquiétante montée ?
Intertitre	Titre secondaire pour une partie d'un article. Fonction de relais ou de relance des titres.

Pourquoi titrer ?

Quatre grands rôles :

☐ Informer. Un bon article est celui qui livre 80 % des informations dans les titres et le chapeau. Certains titres résument l'essentiel, comme « Sècheresse : le mal s'étend » ou « Air Inter : dix vols annulés ».

☐ Accrocher. Il faut inciter à lire par des phrases ambiguës qui créent un suspense.

☐ Spatialiser. Bien détachés grâce à différents types de caractères et à leur forme nette sur fond blanc, les titres échappent en partie à une lecture linéaire : on peut commencer par le sous-titre, lire le chapeau, etc. Mieux, le regard peut effectuer un véritable slalom sur les titres de la « une » d'un journal.

☐ Constituer un circuit court de lecture. Le lecteur y puise l'essentiel des informations et se réfère à l'article pour les compléments. Les circuits courts sont nécessaires dans les écrits suivants : articles de presse, notices et modes d'emploi, documents publicitaires, affiches, ouvrages de vulgarisation.

EXERCICES

1 Analyse

Relevez les titres et intertitres d'un journal ou d'une revue de votre choix et classez-les à l'aide du tableau suivant.

Types de titres	Fonctions, effets
Titres interrogatifs	Sollicitent directement le lecteur.
Titres exclamatifs	Très expressifs, livrent une émotion, un sentiment.
Titres utilisant les deux points (:)	Quatre cas : annoncer une citation, indiquer un lieu, instaurer un rapport de causalité, rendre équivalents.
Titres paradoxaux	Une façon de piquer la curiosité et de créer la connivence.
Titres parodiques	Le titre utilise, récupère, en la transformant légèrement, une formule connue.
Titres à néologismes	L'auteur invente un ou plusieurs mots.
Titres ludiques	Des calembours, des métaplasmes (jeux sur les lettres et les sons), l'humour apparaissent.
Titres à écarts de style	L'auteur crée des images, des figures de style, compare, oppose, rompt l'ordre normal des mots...

2 Compte rendu

Inventez les titres, le chapeau et les intertitres d'une rencontre sportive de votre choix.

3 Présentation

Vous devez présenter votre région (ou la Sologne) en deux pages imprimées (format : 21 × 15 cm).
Quels titres, quel chapeau, quels intertitres choisissez-vous ?

4 Réorganisation

A partir des communiqués de l'Agence France-Presse ci-dessous, inventez les titres et les intertitres d'un article de 500 mots destiné au grand public.

CLAIRVAUX (Aube), 9 août (AFP) — Un détenu de la prison de Clairvaux (Aube) s'est évadé dans l'après-midi de jeudi en sautant un mur d'enceinte avant de prendre un taxi.

Vers 16 h 30, Alain Baudey, 35 ans, de Villepart, près de Troyes (Aube), condamné en mai 1988 à six ans de prison pour un hold-up à main armée, qui travaillait sur un chantier du centre de détention, a sauté le mur d'enceinte.

A l'extérieur, le fuyard a pris un taxi qui attendait vraisemblablement des familles de prisonniers dans cette région très isolée où est située la prison.

CLAIRVAUX, 9 août (AFP) — Le détenu qui s'était échappé de la prison de Clairvaux jeudi après-midi en sautant un mur d'enceinte puis en prenant un taxi a été repris dans la soirée à Bréviandes, près de Troyes (Aube), apprend-on auprès de la gendarmerie.

Alain Baudey, 35 ans, de Villepart, près de Troyes, a été repéré dans un café puis interpellé dans la rue par des policiers, qui l'ont ensuite remis à la gendarmerie.

Le prisonnier, condamné en mai 1988 à 6 ans de prison pour un hold-up, s'était évadé vers 16 h 30. Il avait franchi un mur d'enceinte avant de prendre un taxi, qui attendait vraisemblablement des familles.

RACONTER

COMMUNIQUER

ORDONNER SES IDÉES

EXPLIQUER

ARGUMENTER

ÉCRIRE UNE LETTRE

Trouver un bon titre

Indicatif, explicatif, orienté, humoristique ou à sensation, le titre d'un article ou d'un texte peut se construire à partir de règles simples et de techniques choisies et utilisées pour provoquer un effet précis.

Techniques à utiliser	Effets attendus	Exemples
Chercher des titres « pleins » qui livrent des idées	Informer ou susciter la lecture	Titre vide : les rapports USA-URSS Titre plein : le marchandage USA-URSS
Utiliser l'interrogation	Impliquer le lecteur Fonction conative (on sollicite)	Les vacances étaient-elles noires ?
Utiliser l'exclamation	Le journaliste s'implique et prend le lecteur à témoin Fonction expressive (on se livre)	Cessons d'idôlatrer Gorba !
Utiliser le paradoxe	Souvent piquant, plaisant, ludique. Le lecteur doit décoder le titre	Désarmer les policiers ?
Parodier et détourner	La connivence s'établit par ses clins d'œil culturels.	Marketing : l'insoutenable légèreté de l'huile (= référence à M. Kundera : « L'insoutenable légèreté de l'être ») Ah ! Sahara ! Sahara ! (= référence au « Ça ira »)
Créer des néologismes	Titre vivant, proche de l'oral	Vidéomaniaques, à vos cassettes !
Utiliser le calembour	Connivence dans le décodage	A colin magyar. Tapie-Adidas : la bonne pointure ?
Utiliser des métaplasmes (page 132)	Fonction poétique et ludique	Les Zozos z'ailés des Z au zénith (*Libération*, étape du Tour de France)
Utiliser des figures de style	Dimension symbolique Éviter les clichés	Côte-d'Ivoire : le paradis perdu (métaphore)
Utiliser les deux points (:)	Quatre possibilités : — annoncer une citation — indiquer un lieu — rendre équivalents — instaurer un rapport de cause à effet	Lopez : « La corrida aura lieu » Houston : le sommet des 7 1990 : bonne année pour Carrefour Midi : feu sur les pyromanes

Titre 1 :
utilisation des (:) pour indiquer un rapport tout/partie

A

Surtitre :
une question,
à travers une
métaphore et
une antonomase
(« Robin des bois »)

B

$$^*\varphi = \frac{AC}{BC} = 1,618$$

le nombre d'or

Titre 2 :
une assertion
forte,
une métonymie

Surtitre

Titre 3 :
« plein », il annonce l'interview

Le Nouvel Observateur 10/9/98

C

• Le titre 2 et son surtitre impliquent directement le lecteur : ces juges, terriblement craints des « puissants », sont-ils des accusateurs inquiétants et pervers ou des justiciers ?
• L'image renforce l'implication par sa construction : juges vus de face, ligne de leurs bouches confondue avec celle de φ^*, rapport jugé idéal.

RACONTER

COMMUNIQUER

ORDONNER SES IDÉES

EXPLIQUER

ARGUMENTER

ÉCRIRE UNE LETTRE

Légender une image

Dans un souci d'efficacité, de rapidité et de saisie immédiate et concrète du réel, on utilise de plus en plus d'images, d'un schéma de machine à la photo d'un hebdomadaire. Mais la plupart de ces images doivent être accompagnées d'une légende, ensemble de brèves explications qui en facilitent l'intelligence.

Pourquoi légender les images ?

□ Polysémie de l'image. L'image semble contenir plusieurs significations, parfois contradictoires. En effet, à partir de ses éléments, qu'il est possible de dénoter (= sens le plus neutre), l'imagination avance vite des connotations (= sens seconds, suggérés) dont le réseau constitue une histoire. Pour éviter cette prolifération des significations, on réduit la polysémie par une légende qui impose une interprétation.

□ Dans l'image, pas de phrases. Ses éléments correspondent à des choses et à des êtres mais pas à des verbes. Comment exprimer par l'image seule des phrases du type « La vie continue » ou « Il faut déposer le bilan » ? C'est impossible.

Comment légender une image ?

Techniques	Explications	Exemples
Par désignation et titrage	On nomme la chose ou l'être représentés. C'est le cas dans beaucoup de titres.	Fernandel (photo de presse) Une angélique sauvage (ouvrage didactique)
Par datation et localisation	On indique la date et le lieu de l'image.	Fernandel à Nice en 1946 Nice. La Promenade des Anglais en 1916
Par redondance	Le texte répète l'image.	Il pleut sur l'oasis !
Par effet de zoom	La légende attire l'attention sur un détail.	Camus, c'est le troisième à droite. Quelle tristesse !
Par informations complémentaires	Qu'y avait-il avant ? à côté ? derrière ? Que s'est-il passé ensuite ?	Georges esquisse le V de la victoire. Deux jours avant son accident !
Par introduction d'un jugement	L'image sert à une démonstration. Avec tous les abus possibles ! On réduit la polysémie en interprétant, en jugeant.	Procédé fréquent dans la presse d'opinion.

Comment légender un dessin didactique ?

Le dessin didactique a pour fonctions l'information, l'illustration, l'enseignement.

Exemples : dessin strictement figuratif, plan, coupe, carte...

Pour le légender, on peut :

— désigner ses composants sur le dessin lui-même (à côté, par fléchage) ;

— l'accompagner d'une brève phrase de désignation ;

— donner l'explication des signes conventionnels utilisés pour permettre le décodage (plans, cartes, schémas).

LES LÉGENDES

Trois légendes :

• Une communication différée !
• « Si tu continues à pleurnicher, la girafe te mangera ! »
• « N'aie pas peur : elle est gentille, la girafe. Tu peux lui donner du pain. »

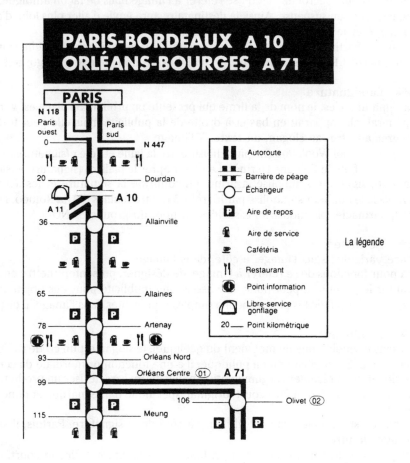

La légende

RACONTER

COMMUNIQUER

ORDONNER SES IDÉES

EXPLIQUER

ARGUMENTER

ÉCRIRE UNE LETTRE

Le texte de publicité

Dans l'affiche et l'image publicitaires, la légende éclate souvent en quatre éléments : le titre, la signature, le texte et le slogan. Ces quatre éléments doivent entretenir d'étroites relations et même se relayer systématiquement.

▬▬▬ Le titre

□ Le titre figure en haut de la page, en gros caractères : il est ainsi privilégié.

□ Le titre est une accroche : il doit se référer à l'image mais de façon ambiguë, pour intriguer, créer un suspense. Ainsi, le destinataire aura envie d'aller plus loin, d'analyser l'image et le texte pour en savoir plus.

Exemple : « Sortir de la routine et respirer enfin l'air de la liberté ». Quelle routine ? Quelle liberté ? Réponse dans l'image : voici notre nouveau soutien-gorge !

▬▬▬ La signature

□ La signature, c'est le nom de la firme qui présente un produit. Sa place est variable. En général, elle apparaît en bas et à droite de la publicité mais elle peut fort bien s'intégrer au titre, au slogan, au texte, à l'image.

Exemples : « Cool Wool. Pour ne plus choisir entre la laine et l'été » (signature + titre).
        « Eau de Cologne Hermès. Le plaisir après le plaisir » (signature + slogan).

□ Le logo, signe qui symbolise la firme, en confirme la signature et les activités.

Exemples : le bonheur symbolisé par le trèfle à quatre feuilles d'Alfa Romeo, les cornues (pharmacie, bio-industrie) associées au nom du groupe SANOFI.

▬▬▬ Le texte

□ Place variable : sous l'image, à côté, dans l'image...

□ Il a pour fonctions de se référer à l'image, de désigner, présenter, mettre en scène et vanter le produit. Il peut donc être assez long (publicité pour des objets techniques). Dans les publicités pour produits simples représentés dans l'image, il disparaît.

▬▬▬ Le slogan

□ Au sens étymologique (le mot vient du gaélique), le slogan est un cri de ralliement et de guerre. En publicité ou en politique, il a une fonction primordiale d'accroche.

□ Le slogan peut résumer l'argumentation publicitaire, caractériser un produit, apostropher le lecteur. Il doit être court, original, spécifique d'une marque et donc facile à retenir.

□ Sa place est variable. Souvent, il figure à côté de la signature. Parfois, il se confond avec le titre.

Exemple : « Ucar. Une avance qui n'en finit pas » (signature + slogan court, elliptique et hyperbolique).

Titre qui « accroche » et intrigue : qui parle ?

Signature intégrée au titre

Des linéales (caractères sans empattement)

Métaphore dans l'image : comme nous, la vache parle et regarde les avions

Deux formes nettement détachées sur un fond bleu ciel (= le domaine d'Air Liberté)

Texte d'appoint : informations pratiques

Le bas de l'image emprunte la courbe du logo

Logo

Slogan : il implique (« vous »), confirme la signature et le logo (choix libre), proclame la fin d'un monopole

Grâce à Air Liberté, on peut regarder passer un avion toutes les 4 minutes.

250 VOLS QUOTIDIENS EN FRANCE

Air Liberté aujourd'hui, ce sont 34 villes desservies par 61 liaisons en France métropolitaine. Soit un décollage toutes les 4 minutes et 20 secondes, pour être précis.

INFORMATIONS ET RÉSERVATIONS : 0 803 805 805
(1,09F/mn) ou votre agent de voyages.

air Liberté

MAINTENANT VOUS AVEZ LE CHOIX.

RACONTER

COMMUNIQUER

ORDONNER SES IDÉES

EXPLIQUER

ARGUMENTER

ÉCRIRE UNE LETTRE

Trouver des idées

La dure impression de ne pas avoir d'idées est souvent ressentie devant la feuille blanche. Or, tout individu a un passé, un présent, des projets : quel réservoir d'idées ! Et qui l'empêche de puiser d'autres idées dans les livres ou à la télévision ? Encore faut-il oser imaginer et trouver les méthodes qui favorisent l'inventivité.

▬▬ Comment faire surgir ses propres idées ?

Différentes méthodes	Explications
Problématisation	Chercher d'abord la définition du mot, de la notion à présenter. D'un simple mot, passer aux questions que l'on peut poser à son propos, comme si l'on devait proposer un sujet de composition française.
Association automatique d'idées	A propos d'un mot, d'une notion, écrire tout ce qui passe par la tête : on sera étonné des bons résultats. Attention : à ce jeu, on fait rapidement le tour du monde !
Association raisonnée d'idées	Chercher des synonymes. Chercher des idées voisines ou en continuité. Chercher des rapports élément/ensemble. Chercher les idées opposées, comme pour construire une antithèse.
Recherche d'exemples	Toute notion, après avoir été définie, peut être éclairée, explicitée par des exemples tirés de l'histoire, de la vie, du terrain.
Sectorisation	A partir d'une notion ou d'une question simple et claire, on recherche des idées et des exemples dans différents domaines : — Expériences, vie personnelle — Expériences des amis, des parents — Secteurs économique, social, politique — Domaine des idées philosophiques — Secteurs scientifique, technique — Domaine des médias (presse, TV, radio...) Cette méthode recoupe les méthodes précédentes.
Recherche de jugements de valeur	Montrer que telle notion, tel problème sont évaluables en termes de valeurs morales, esthétiques, politiques, etc. *Exemple :* comment parler d'informatique sans aborder les problèmes de la liberté individuelle ?

▬▬ Comment trouver des idées hors de soi ?

☐ L'observation orientée. Sur tel sujet, mener une enquête, observer, noter. *Exemple :* visiter une entreprise, un monument, observer un paysage et transcrire ses impressions, prendre des notes lors d'une écoute (radio, télévision).
☐ La lecture orientée. A partir de la notion étudiée, du problème posé, consulter des dictionnaires, des encyclopédies, des journaux, des ouvrages spécialisés ou non.

UNE GRILLE POUR LA RECHERCHE D'IDÉES

	Exemple avec le mot TABAC	Exemple avec VENISE	Exemple avec HÉROS	Exemple avec FRUGALITÉ
PROBLÉMATISER	• Définir le tabac • Pourquoi fume-t-on ? • Méfaits du tabac ?	• Situer Venise • Une ville ou un mythe ?	• Définir le héros • Surhomme ? Demi-dieu ? • Modèle bénéfique ou dangereux	• Définir la frugalité • Qu'est-ce qu'une nourriture frugale ? • Faut-il prôner la frugalité ?
ASSOCIER SPONTANÉMENT	tabac fumer pipe Amérique cancer liberté toux « le tabac t'abat »	Venise Lido eaux gondole Saint-Marc tourisme Carnaval verrerie art	héros dépassement gloire orgueil désir guerre surhomme	frugal bouffe faim minceur Spartiates avarice
ASSOCIER RATIONNELLEMENT	• Tabac = plaisir • Tabac = drogue • Histoire du tabac	• Venise fascine • Venise et l'envers du décor	• Le héros et le saint • Le héros et le besoin de modèles • Héros négatifs	• Frugalité = sobriété • Sociétés archaïques • Végétarisme
CHERCHER DES EXEMPLES	Moi, la famille les amis et le tabac	• Souvenirs de voyage • Récits d'amis	• Exemples historiques nombreux • Et les héros sportifs ? • Et Astérix ?	• Qui est frugal aujourd'hui ? • Exemples de frugalité par force
SECTORISER	• Culture du tabac • Tabac : un monopole • Maladies, troubles dus au tabac	• Venise va-t-elle disparaître ? • Venise grand port • Venise et les arts	• Les héros par la force physique, le courage • Les héros de l'esprit • Les anti-héros (voleurs, criminels)	• Causes socio-économiques de la frugalité • Idéologie de la frugalité • Religions et frugalité
CHERCHER DES JUGEMENTS DE VALEUR	• Un plaisir légitime ? • Problème de la liberté et de ses limites • Comment éliminer le tabagisme ?	• Venise et la beauté • Venise et la corruption • Grandeur et décadence	• Le besoin de s'identifier crée le héros • Le héros nous venge	• Pour ou contre la frugalité ? • Frugalité et morale
OBSERVER ET ENQUÊTER	Autour de soi	Il faut y aller !	• Les héros actuels (guerres, révolutions)	• Lors de voyages • Autour de soi
UTILISER LES MÉDIAS	• Campagnes d'information • Débats télévisés • Articles de presse	• Nombreux reportages • Films. Exemple : « Mort à Venise »	• Bandes dessinées • Innombrables héros, vedettes à la TV, dans la presse	• Émissions sur la faim, le tiers monde • Articles diététiques
CONSULTER DICTIONNAIRES ET OUVRAGES SPÉCIALISÉS	• Encyclopédies • Revues scientifiques • Ouvrages spécialisés	• Livres d'histoire • Guides touristiques • Histoires de l'art	• Dictionnaires	• « Littérature » diététique • Dictionnaires analogiques
LIRE DES ŒUVRES LITTÉRAIRES	Nombreuses allusions dans la littérature. Exemple : *Dom Juan* de Molière	Venise a inspiré les romantiques (Goethe, Chateaubriand, Musset)	Quelle littérature ! Épopées, romans, œuvres pour les jeunes, bandes dessinées…	Qu'en pensaient Épicure, Rabelais Voltaire, Rousseau, Gandhi, Lévi-Strauss ?

RACONTER
COMMUNIQUER
ORDONNER SES IDÉES
EXPLIQUER
ARGUMENTER
ÉCRIRE UNE LETTRE

Trouver un plan

Qu'on ait à décrire, à expliquer, à convaincre, il est conseillé de travailler selon un plan rigoureux et apparent qui facilitera la compréhension du texte et la saisie des intentions de l'auteur. Mais, dans la plupart des cas, de la recherche d'idées à l'écrit définitif, trois plans se succèdent.

▬ Le plan de classement des idées

☐ La recherche d'idées sur un thème, ou en réponse à une question, aboutit à une sorte de mosaïque d'observations de terrain, de notes de lecture ou de visites, de réflexions personnelles, de documents divers.

☐ L'utilisation de ce vrac implique un plan de classement qui dépend à la fois :
— des contraintes de longueur et de place (article court, essai de plusieurs pages…),
— des lois du genre (une notice culturelle, un article, un rapport),
— du ou des points de vue adoptés (plans économique, social, moral…),
— de la matière retenue (on trie les informations, on rejette celles qui sont hors sujet).

☐ Les subdivisions. Chaque grande partie prévue doit comporter des subdivisions.

	Exemple :
1. Titre de la première partie	1. Avantages de la bêtise
1. 1. Premier sous-ensemble	1. 1. Pour les sots eux-mêmes
a) Élément 1	a) Ils ne sont pas conscients de leur bêtise
b) Élément 2	b) Ils vivent donc sans complexes
c) Élément 3	c) Ils connaissent souvent le succès, les sots étant légion
1. 2. Second sous-ensemble	1. 2. Pour ceux qui exploitent la bêtise

Il faut équilibrer les grandes parties prévues (longueur similaire).

▬ Du plan de rédaction au plan définitif

☐ Si ce premier plan est clair, il est en principe facile de passer à la rédaction des paragraphes, chacun d'eux pouvant correspondre à un sous-ensemble.

☐ Toutefois, il vaut mieux, pour la rédaction, adopter le plan de travail suivant :

1. Différentes parties	2. Conclusion	3. Introduction

Il est logique de rédiger la conclusion dans la lancée des parties dont elle est l'aboutissement. Il devient alors plus facile de comprendre d'où il faut partir : c'est l'introduction.

☐ Il arrive fréquemment, pendant la rédaction, qu'on ait à changer l'ordre initial des idées : on opère des substitutions, des suppressions, quelques ajouts et on prend soin de rédiger des paragraphes très organisés dont l'idée-clé est exprimée au début. De plus, on a toujours intérêt à privilégier les arguments forts en les plaçant en début de partie ou en conclusion.

☐ Bref, toutes ces opérations de réajustement aboutissent au plan définitif que perçoit le destinataire.

1 Plan de rapport

A partir des idées ci-après, livrées en désordre, et des autres informations que vous pourrez réunir, faites le plan d'un petit rapport écrit ou d'un article de presse dont le titre pourrait être : « Le cheval au secours de nos forêts ? »

- Le cheval ne pollue pas
- La traction animale est une énergie renouvelable
- La monoculture crée des paysages simplifiés à l'extrême
- Le tracteur permet la rapidité des travaux de débardage
- L'exploitation forestière est devenue une industrie
- Le CTTA (Centre technique de la traction animale) entend revitaliser la filière traction animale
- L'animal a une bonne adhérence aux sols mous et détrempés
- Le CTTA organise des stages de formation, dont les premiers ont eu lieu en Lorraine
- L'utilisation des chevaux est archaïque et peu efficace
- Les ouvriers forestiers sont souvent des immigrés
- Grâce à la liaison homme-animal, les sols sont respectés
- Le cheval peut servir le tracteur qui circule sur les chemins
- En Allemagne et aux États-Unis, des forêts menacées par la pollution sont interdites aux tracteurs
- Le débardage animal peut créer des emplois qualifiés
- Les tracteurs écrasent les taillis et écorchent les arbres
- Il est plus agréable de rencontrer un cheval qu'un tracteur
- La mécanisation du débardage est liée aux méthodes modernes d'exploitation des forêts (plantations linéaires, fertilisation chimique, coupes rases).

2 Plan de notice scientifique

Renseignez-vous sur les aérostats, puis élaborez un plan pour :
— une notice scientifique et technique ;
— un article de presse (titre : « Les aérostats sont-ils bons seulement pour rêver ? »).

3 Sous-ensembles

Répartissez les informations suivantes sur les régimes alimentaires en cinq sous-ensembles titrés correspondant aux cinq parties d'une notice diététique.
- La perte d'eau fait perdre momentanément du poids
- Les poissons gras contiennent plus de graisses que les viandes
- L'organisme a toujours besoin de protéines animales et végétales
- La fonte des muscles, c'est de l'autodestruction
- Ne sacrifiez jamais à une mode
- Perdre du poids exige plusieurs semaines
- Une perte d'eau n'est jamais durable
- Jus de fruits et sodas sont très sucrés
- L'organisme a toujours besoin de vitamines
- Les charcuteries contiennent souvent 50 % de graisses
- Les régimes sensationnels sont souvent déséquilibrés
- Bains de vapeur et sauna font-ils maigrir ?
- Pâtes, riz, pain et pommes de terre sont riches en sucres
- La perte d'eau compromet l'équilibre de l'organisme
- Sans protéines, l'organisme utilise les réserves des muscles
- L'organisme a toujours besoin de sels minéraux
- Pour tout régime, l'aide du médecin est indispensable

RACONTER

COMMUNIQUER

ORDONNER SES IDÉES

EXPLIQUER

ARGUMENTER

ÉCRIRE UNE LETTRE

Le plan pour informer

Informer, c'est présenter des renseignements, des explications, des analyses sur un sujet. Dans ce cas, on évite de prendre parti. Mais on peut aussi informer sur ses intentions, son point de vue et, donc, présenter une véritable thèse.

▪ Le plan linéaire

☐ Le plan linéaire présente, décrit, analyse une série d'événements, un fonctionnement, un déroulement logique du début à la fin. Il est donc chronologique, analytique, progressif.

☐ Il convient pour les études historiques, les articles scientifiques ou techniques décrivant un processus, les comptes rendus de visites, les inventaires...

▪ Le plan thématique

☐ Le plan thématique procède par centres d'intérêt. Sur un sujet donné, on distingue différents thèmes, secteurs, catégories. L'approche d'une notion, d'une réalité se fait selon différents points de vue. Ce plan est donc de type synthétique.

Exemple : on peut étudier l'informatique sous différents angles : scientifique, technologique, économique, social...

☐ Il convient pour l'étude d'une notion, les textes présentant un pays, une civilisation, les articles et les rapports scientifiques et techniques.

▪ Le plan orienté

☐ Le plan orienté privilégie un point de vue, présente une thèse, insiste sur une idée.

Plan linéaire orienté	Pour éviter le plan classique du type passé, présent, futur, on adopte le plan suivant : présent, passé, futur. Avantages : on part des préoccupations, des besoins du présent, on crée un suspense, on effectue un retour explicatif en arrière, enfin on parle du futur.
Plan orienté par modulation d'une idée	On privilégie l'idée ou la thèse développée en la présentant dès le début puis en l'analysant selon différents angles.
Plan orienté polémique	On accumule tous les arguments au service du point de vue, de la thèse choisis.

▪ Le plan journalistique en relief

☐ Le plan journalistique est conçu selon une logique de l'accroche et de l'intérêt. Aussi livre-t-il d'emblée, au début, l'essentiel de l'article, le résume :

— dans le titrage (surtitre, titre, sous-titre) et le chapeau ;

— au début de l'article lui-même.

☐ Le lecteur pressé ou peu « accroché » peut se contenter de ces informations courtes et synthétiques. Si elles l'intriguent ou s'il veut en savoir plus, il lit l'article.

☐ Le plan journalistique apparaît presque toujours en relief puisqu'une typographie spécifique met en valeur titres, chapeau et intertitres. Ces derniers jalonnent l'article et livrent l'idée essentielle de chaque partie.

LE CHOIX DU PLAN

■ Plan linéaire ou plan orienté ?

Sujet : le nazisme

Plan linéaire	Plan orienté
1. Origines et premières manifestations • Le groupuscule de Münich en 1920 • Les succès initiaux • Le putsch de Münich • Les années creuses 2. La prise de pouvoir • Victoire électorale de 1930 • 1933 : Hitler chancelier • L'incendie du Reichstag 3. L'organisation de l'état totalitaire • Les pleins pouvoirs • L'économie militarisée • L'embrigadement politique • Le terrorisme d'État et les persécutions 4. La marche à la guerre 5. La guerre 1939-45 6. L'effondrement	1. 1940 : l'armistice signé à Rethondes. Comment en est-on arrivé là ? 2. Retour en arrière. La foudroyante offensive nazie 3. Retour en arrière : origines du nazisme 4. La prise de pouvoir 5. Les concessions alliées et la marche à la guerre 6. Des années noires aux premières victoires 7. L'effondrement

Plan très classique

Parties à développer

Partir de 1940 crée un suspense et oriente le plan : il répondra à la question posée

■ Plan thématique ou plan journalistique ?

Sujet : le Québec

Plan thématique	Plan journalistique
1. Aspects géographiques • Limites de la province • Données numériques • Un climat très rude • Apalaches et vallée du Saint-Laurent • Le Bouclier canadien 2. Le peuple du Québec • Rappels historiques • 1867 : la province du Québec • Le réflexe autonomiste • La situation démographique 3. Les ressources naturelles 4. L'économie du Québec 5. Le tourisme	*Tourisme au Canada* ← Surtitre **L'AIR SI VIF DU QUÉBEC** ← Titre Le Canada vous attend. Au pays de Maria Chapdelaine, les villes sont futuristes, la forêt grandiose, l'été indien inouï, les Canadiens fraternels. 1. L'été indien au Québec 2. Le si vieux pays de Maria 3. Montréal : dessus et dessous 4. Québec le berceau 5. L'accueil canadien 6. Visitez les pourvoieries

Parties à développer

Chapeau

Les intertitres accrochent, jalonnent, résument

Ce plan permet de sectoriser, d'étudier de grands ensembles

Le plan apparaît en relief

Accroches et suspense (dessous : *galeries* de Montréal ; pourvoieries : réserves de chasse)

RACONTER

COMMUNIQUER

ORDONNER SES IDÉES

EXPLIQUER

ARGUMENTER

ÉCRIRE UNE LETTRE

Le plan pour confronter

Confronter deux notions, deux réalités, deux êtres, deux objets conduit à étudier des analogies et des différences. Confronter, c'est donc analyser des rapports et non juxtaposer deux textes, l'un sur la notion A, l'autre sur la notion B !

De la recherche d'idées au plan

☐ La recherche d'idées est facilitée par l'utilisation d'un tableau de type binaire. À partir de ce premier tableau, on peut classer les idées et les exemples obtenus.

	Analogies entre A et B	Différences entre A et B	
		En A et pas en B	En B et pas en A
Domaine scientifique	....	....	....
Domaine technique	....	....	....
Domaine économique	....	....	....
Domaine social	....	....	....
etc.			

Ce qui est commun à A et B / Ce qui est en A mais absent de B / Ce qui est en B mais absent de A

Le plan ternaire

☐ Dans la plupart des cas, on peut présenter les recherches dans un plan ternaire.

Premier modèle	Second modèle
1. Analogies entre A et B • Domaine 1 • Domaine 2 • Domaine 3	**1. Analogies entre A et B** • Domaine 1 • Domaine 2 • Domaine 3
2. Différences entre A et B	**2. Différences entre A et B**
• Ce qui est en A et pas en B — Domaine 1, Domaine 2, Domaine 3 • Ce qui est en B et pas en A — Domaine 1, Domaine 2, Domaine 3	• Domaine 1 — Ce qui est en A et pas en B, Ce qui est en B et pas en A • Domaine 2 — Idem • Domaine 3 — Idem
3. Réflexions, évaluation	**3. Réflexions, évaluation**

☐ Dans la troisième partie, il faut donner son point de vue, évaluer, juger. Selon les sujets et les résultats de la confrontation, on peut :
— montrer que A est réductible à B ou B à A ;
— montrer que A et B sont plutôt conciliables ;
— montrer la possibilité ou la nécessité de dépasser A et B pour trouver une solution ;
— se contenter de quelques réflexions.

LE PLAN TERNAIRE

■ L'homme et le singe

Plan ternaire 1	Plan ternaire 2
1. Analogies entre le singe et l'homme 1.1. Domaine biologique • Station verticale • Instincts similaires 1.2. Domaine intellectuel • Une intelligence pratique • Un langage affectif • Un langage abstrait (expériences de dialogue avec utilisation de jetons) 1.3. Domaine culturel • Une vie de groupe • Utilisation d'outils **2. Différences entre le singe et l'homme** 2.1. Le singe 1) Domaine biologique • Capacité crânienne : 600 cm³ • 48 chromosomes 2) Domaine intellectuel • Intelligence abstraite limitée • Langage à une seule articulation 3) Domaine culturel • Comportements très programmés • Embryon de société 2.2. L'homme 1) Domaine biologique • Capacité crânienne : 1 350 cm³ • 46 chromosomes • Aptitude glottique • Pouce opposable aux autres doigts 2) Domaine intellectuel • Intelligence abstraite développée • Langage à double articulation 3) Domaine culturel • Prohibition de l'inceste • Grande variété des cultures **3. Réflexions** 3.1. La filiation commune a longtemps paru choquante 3.2. Une tentation : assimiler l'homme au singe 3.3. Un vrai problème : comment l'homme peut-il devenir plus humain ?	**1. Analogies entre le singe et l'homme** 1.1 Domaine biologique • Station verticale • Instincts similaires 1.2. Domaine intellectuel • Une intelligence pratique • Un langage affectif • Un langage abstrait (expériences de dialogue avec utilisation de jetons) 1.3. Domaine culturel • Une vie de groupe • Utilisation d'outils **2. Différences entre le singe et l'homme** 2.1. Domaine biologique 1) Le singe • Capacité crânienne : 600 cm³ • 48 chromosomes 2) L'homme • Capacité crânienne : 1 350 cm³ • 46 chromosomes • Aptitude glottique • Pouce opposable aux autres doigts 2.2. Domaine intellectuel 1) Le singe • Intelligence abstraite limitée • Langage à une seule articulation 2) L'homme • Intelligence abstraite développée • Langage à double articulation 2.3. Domaine culturel 1) Le singe • Comportements très programmés • Embryon de société 2) L'homme • Prohibition de l'inceste • Grande variété des cultures **3. Réflexions** 3.1. La filiation commune a longtemps paru choquante 3.2. Une tentation : assimiler l'homme au singe 3.3. Un vrai problème : comment l'homme peut-il devenir plus humain ?

RACONTER
COMMUNIQUER
ORDONNER SES IDÉES
EXPLIQUER
ARGUMENTER
ÉCRIRE UNE LETTRE

Le plan pour discuter

Une discussion, c'est d'abord un dialogue, un échange d'opinions opposées. Mais les interlocuteurs n'en restent pas là : en dépassant leurs points de vue respectifs, ils tentent de se mettre d'accord. Tout plan pour discuter reconstitue une telle situation et oppose donc des points de vue avant de proposer une solution.

▣ Le plan Situation/Opinion/Proposition (SOP)
Le plan SOP est ternaire.

S	O	P
On étudie objectivement un problème ou une **situation (S).**	On formule son **opinion** (O) sur cette situation.	On fait des **propositions** (P) pour : — améliorer la situation, — la supprimer.

☐ Ce plan convient aux rapports et aux articles scientifiques et techniques.

▣ Le plan Thèse/Antithèse (TA)
Le plan TA, ou thèse/antithèse, est d'un usage courant dès qu'il faut opposer deux conceptions, deux points de vue.

T	A
La thèse T correspond à l'exposé et à la mise en valeur d'un point de vue.	**L'antithèse A** correspond à l'exposé et à la mise en valeur du point de vue adverse.

Ce choc des points de vue aboutit obligatoirement à une conclusion rapide dans laquelle on prend parti, on propose une solution.

▣ Le plan Thèse/Antithèse/Synthèse (TAS)
☐ Le plan TAS est le plus difficile. Il exige le dépassement d'une thèse T et d'une antithèse A dans une synthèse S.
☐ La synthèse n'est pas la reprise de T ou de A, ou la simple répétition des arguments de T ou de A retenus dans un compromis. Elle est le lieu des solutions hardies, au-delà du choc thèse/antithèse.
Exemple : Pour ou contre l'automobile ?

Thèse : arguments pour	Antithèse : arguments contre	Synthèse : dépassement
L'automobile favorise la liberté individuelle	Liberté ? Souvent, la voiture aliène son possesseur	Il est devenu impossible de se passer d'elle
L'automobile favorise souvent le développement culturel	Beaucoup de conducteurs se moquent bien de la culture !	Un problème d'éducation
L'automobile répond au principe de plaisir	Le principe de plaisir, hélas, c'est aussi l'agressivité	Solution 1 : les lois Solution 2 : l'éducation
L'automobile, des devises pour le pays	L'automobile, c'est aussi un gâchis économique et social	Vers des voitures propres, sobres Et les transports en commun ?

EXERCICES

1 Thèse-Antithèse

Pour ou contre les voyages organisés ? Sur ce sujet, voici la thèse d'un plan binaire.
Les arguments y sont sectorisés, c'est-à-dire classés selon différents domaines, différents points de vue.
Trouvez les arguments sectorisés de l'antithèse.

Différents domaines	Thèse : arguments favorables	Antithèse : arguments défavorables
Domaine 1 Organisation du voyage	• Prise en charge par un organisme spécialisé : beaucoup de temps gagné • Choix parmi beaucoup d'offres • On bénéficie des tarifs de groupe	....
Domaine 2 Résolution des problèmes pratiques	• Déroulement programmé (hôtels, transports) : aucune perte de temps • Aucun problème linguistique (guide)	....
Domaine 3 Aspects culturels	• On voit l'essentiel • Visites guidées • Aucune perte de temps	....
Domaine 4 Aspects sociologiques	• Insertion dans un groupe : conversations, amitiés • Rencontres lors des journées libres	....

2 Thèse-Antithèse-Synthèse

La télévision est-elle un bon moyen d'information ? Sur ce sujet, voici une thèse et une antithèse partielles dont les arguments ont été sectorisés.
1. Cherchez les arguments de la thèse et de l'antithèse correspondant aux points de vue mentionnés dans la première colonne.
2. Élaborez le plan d'une synthèse orientée dans laquelle vous présenterez les conditions nécessaires à une information authentique.

	Thèse	Antithèse
Nature de l'image	• Elle livre directement la richesse du monde • Percevoir, c'est déjà comprendre : on gagne du temps • L'image est polysémique : elle peut nous faire réfléchir	• On peut fabriquer les images et les utiliser de façon partisane (échelle des plans, angles de prise de vues, etc.) • La perception, souvent, nous trompe • Le montage réduit la polysémie des images en nous imposant une interprétation
Efforts du destinataire	....	....
Le commentaire des images	....	....

RACONTER

COMMUNIQUER

ORDONNER SES IDÉES

EXPLIQUER

ARGUMENTER

ÉCRIRE UNE LETTRE

Dire l'essentiel

« Allez à l'essentiel ! Abrégez ! » Cette rengaine est justifiée en cette fin de siècle où l'on est bombardé d'informations pas toujours précises ni courtes. Comment donc gagner du temps et se montrer plus efficace, sinon en livrant l'essentiel du message ? Mais comment distinguer l'essentiel de l'accessoire ?

Quel est l'essentiel pour le destinataire ?

☐ S'il n'est pas spécialiste, le destinataire demande une mise au courant brève, claire, exprimée en termes simples.

Exemple : « Un baromètre est un instrument qui sert à mesurer la pression atmosphérique et qui permet donc de prévoir le temps ». Pour le grand public, voilà l'essentiel. Inutile d'expliquer le fonctionnement, de parler de Pascal ou de Torricelli.

☐ Le destinataire peut chercher des informations « pointues » dans tel ou tel secteur : il faut satisfaire cette demande particulière.

Exemple : dans un journal lu par des infirmières, les conseils sur les soins à donner à un blessé qui souffre d'une fracture au calcaneum sont plus importants que la description du calcaneum et de ses articulations avec l'astragale et le cuboïde, qu'elles sont censées connaître.

Comment distinguer l'essentiel de l'accessoire ?

☐ L'essentiel, c'est ce qui est indispensable à la compréhension d'une idée, d'une situation, d'un fonctionnement, donc incontractable.

☐ Choisir l'essentiel, c'est :

— retenir les caractéristiques d'un objet, d'une idée ;

— dans un récit ou un rapport, privilégier le résumé des actions en minorant descriptions, dialogues, circonstances ;

— formuler un ou deux jugements synthétiques plutôt que cinq ou dix ;

— insister sur un événement lourd de conséquences ;

— insister sur une situation riche de significations ;

— retenir un ou deux exemples caractéristiques ;

— traiter les données numériques pour n'en retenir que les « leçons » ;

— insister sur des résultats plutôt que sur les moyens d'y parvenir.

Techniques d'expression de l'essentiel

☐ Trier, hiérarchiser, éliminer au stade de la préparation du message écrit.

☐ Pour un écrit professionnel, une lettre officielle, une note de service, répondre strictement à des questions simples :

QUI ?	QUOI ?	QUAND ?	OÙ ?	COMMENT ?	POURQUOI ?	POUR QUI ?

☐ Utiliser des tableaux, des schémas et des graphiques.

☐ Mettre en place un circuit court et un circuit long. S'il s'agit d'un article de journal, d'un texte publicitaire, utiliser deux circuits de lecture (page 40).

68

LA RÉDUCTION DE L'INFORMATION

■ Le pétrole en quelques mots

L'opinion la plus répandue sur l'origine du pétrole est la suivante : il y a seulement cinq cents millions d'années, la surface terrestre était composée essentiellement d'eau salée. Et c'est dans ces eaux salées, ou plus exactement dans les corps organisés qui les peuplaient, que la grande majorité des théoriciens modernes voient l'origine du pétrole. Dans ces océans aujourd'hui disparus vivaient en effet quantité d'animaux gigantesques et de poissons étranges, des milliards de coquillages et des tonnes de plancton. L'engloutissement de ces mers habitées, au cours des grands bouleversements des premiers âges, a provoqué la mort de toute créature existante.

Des masses de poissons, de crustacés, de mollusques et de mammifères aquatiques se sont décomposées lentement sous l'action conjuguée ou successive de la pression, de la chaleur et des bactéries. C'est cette bouillie putréfiée, lentement malaxée par cinq millions de siècles, qui allait parvenir jusqu'à nous pour servir la plus grande révolution de l'histoire humaine : l'ère de la machine.

J.J. Berreby, *Histoire mondiale du pétrole,* Ed. Hachette

Idées essentielles soulignées

Texte 2 obtenu par réduction →

Il y a 500 millions d'années, des océans recouvraient largement la planète. Des bouleversements tectoniques les ont engloutis. Les animaux et le plancton se sont alors lentement décomposés sous la triple action de la pression, de la chaleur et des bactéries. L'origine du pétrole serait dans ce magma d'hydrocarbures.

Terme générique

Précision ajoutée

RACONTER

COMMUNIQUER

ORDONNER SES IDÉES

EXPLIQUER

ARGUMENTER

ÉCRIRE UNE LETTRE

Relier les idées

Aucun texte ne peut se réduire à une simple juxtaposition d'idées. Pour se faire comprendre, il est obligatoire d'introduire des rapports sémantiques, en somme des connexions logiques, entre les mots, les propositions, les phrases. Ces rapports sont directement exprimés ou bien découlent implicitement du contexte.

Comment marquer directement les connexions ?

Rapports à marquer	Outils et moyens utilisables
Addition	• Utiliser les conjonctions de coordination et ou ni *Exemples :* Il pleut et il vente. Il ne veut pas jouer au tennis, ni se baigner. • Autres moyens : la préposition avec, les termes ainsi que, en outre... *Exemples :* Elle est venue avec son frère. Ils sont arrivés, ainsi que leurs enfants.
Soustraction	• Utiliser excepté, hors, hormis, à moins que... *Exemple :* Nous prendrons le bus, à moins qu'il y ait grève.
Alternative	• Utiliser ou, soit... *Exemple :* J'aimerais un livre ou un disque. Tu peux m'offrir soit un polar, soit une B.D.
Exclusion	• Utiliser sans, sans... ni. *Exemple :* Sans vêtements chauds ni nourriture suffisante, que pouvait-il faire ?
Oppositions	Tenir compte des différents degrés de l'opposition : • Faible opposition : cependant, toutefois, néanmoins... *Exemple :* Je n'ai pas tellement envie d'y aller. Toutefois, je viendrai. • Forte opposition : mais, en revanche, au contraire... *Exemple :* La maison est spacieuse mais d'une froideur redoutable. • Rectification : en fait, en réalité, en vérité... *Exemple :* Votre idée est séduisante mais, en fait, elle nous paraît sans fondements !
Expression de la cause	• Utiliser des verbes : causer, engendrer, entraîner, déterminer... • Utiliser des conjonctions ou des locutions : car, parce que, puisque, comme *Exemple :* Nous utiliserons des machines puisqu'elles nous sont si utiles. • Utiliser un complément introduit par une préposition *Exemple :* Le match a été reporté à cause du mauvais temps. • Utiliser les deux points (:). *Exemple :* Excuse mon retard : c'était la grève du métro. • Utiliser une relative. *Exemple :* Ce coteau, qui est calcaire, est propice à la vigne.
Expression de la conséquence	• Utiliser des verbes : résulter, découler, être fonction de... • Utiliser des conjonctions et des locutions : si... que, tellement... que, aussi,... *Exemple :* La soirée était si belle que Chantal eut envie de sortir. • Utiliser des locutions prépositives (au point de, assez pour) suivies de l'infinitif *Exemple :* J'ai trop d'ennuis pour me rendre libre ce soir.

Quand les connexions sont-elles implicites ?

La suppression des connexions directes peut alléger les phrases sans nuire forcément à la logique. En effet, mots et ponctuation peuvent exprimer nombre de liaisons. *Exemple :* Ravitaillés par avion, ils pouvaient résister longtemps (cause à effet).

LIAISONS DIRECTES OU IMPLICITES

Rapport d'ordre

Rapports d'addition et de causalité

Question de légitimité : si l'architecte a des propositions à faire, c'est d'abord sur la ville, son domaine d'intervention naturel, qu'il peut les formuler. D'autant qu' en la matière, l'étendue des dégâts est considérable. La ville, symbole de malaises sociaux, de phénomènes d'exclusion. Les mutations économiques ont laissé partout des plaies ouvertes, des friches désespérantes, tandis que les crises démographiques des dernières décennies nous ont légué ces banlieues-dortoirs qui matérialisent, sur les cartes, ce qui reste de la notion de classe sociale.

Rapport implicite : effet de la cause précédente

Rapport temporel

C'est un comble : nous avons été les premiers à pouvoir construire des villes — les ruines de Pompéi témoignent clairement de cette maîtrise — et ce savoir-faire nous a échappé.

Rapport implicite : cause de la proposition précédente

Annonce implicite d'une addition

Plusieurs facteurs se sont conjugués pour ruiner ainsi notre patrimoine urbain : l'urgence des questions de logement, la spéculation, le manque de politique globale, mais aussi la haine que les architectes eux-mêmes ont vouée à la ville. Celle-ci s'est manifestée au milieu de ce siècle par le refus d'introduire une continuité urbaine. Les rues, les places ont été abandonnées au profit d'unités d'habitation juxtaposées les unes aux autres.

Rapports d'addition et d'opposition

Annonce de la conséquence

On connaît le résultat : des barres de béton séparées par des espaces verts vite transformés en parkings ou en terrains vagues. Comme l'activité commerciale se concentrait, dans le même temps, dans quelques centres hypertrophiés, le bas de ces immeubles s'est trouvé déserté, sans boutiques ni magasins. La ville a cessé d'être un lieu de rencontre pour devenir le simple tracé de voies de communication. Les autoroutes ne se sont plus arrêtées à l'entrée des agglomérations mais les ont traversées, déchirées.

Rapport de causalité

Conséquences implicites

Oppositions implicites

Rapport d'opposition

Ricardo Bofill, *Espaces d'une vie* (1989)

RACONTER

COMMUNIQUER

ORDONNER SES IDÉES

EXPLIQUER

ARGUMENTER

ÉCRIRE UNE LETTRE

Savoir interroger

> **Toute question sollicite directement le destinataire, l'implique, le responsabilise. D'où l'importance du questionnement dans la communication, y compris à l'écrit, alors que le lecteur est physiquement absent.**

Comment interroger ?

☐ Deux catégories de questions. Les questions totales impliquent une réponse oui/non. Les questions partielles laissent le choix de la réponse et sont donc plus ouvertes. *Exemples :* Êtes-vous marié ? (question totale).
Que pensez-vous du mariage ? (question partielle).

☐ Questions et sentiments. Les questions partielles peuvent être amicales et favoriser le destinataire ou, au contraire, indiscrètes, ironiques.

☐ Quelles formulations choisir ? Selon la situation de communication, on choisira des formulations proches de l'oral et du registre familier (Vous avez revu votre mère ? Est-ce que vous allez voter ? Qui est-ce qui vous a appelé ?) ou des formulations réservées à l'écrit et au registre soutenu (Avez-vous revu votre mère ?)

Pourquoi des questions dans un texte ?

Le questionnement appartient à la fonction conative du langage, ancrée sur le destinataire qu'on sollicite directement (emploi du vous, questions, ordres...).

☐ Trois façons de questionner.

— L'auteur s'adresse au lecteur et ne répond pas à la question qu'il pose.

— L'auteur feint de s'adresser au lecteur mais répond à sa propre question.

— L'auteur introduit un dialogue.

☐ Quand placer une question ?

Où ?	Pourquoi ?	Exemples
Dans les titres et intertitres	Attirer, éveiller l'attention, impliquer	Dix ans pour vaincre le SIDA ? (Titre de presse).
Dans les introductions et conclusions	Très pratique pour problématiser, solliciter	Voir pages 76 et 78
Dans le texte lui-même	Réveiller l'attention, impliquer	L'auteur pose une ou deux questions, s'interroge ou interroge des lecteurs.

Les textes interviews

Beaucoup d'articles de presse et même des ouvrages entiers prennent aujourd'hui la forme d'une interview selon le jeu questions/réponses. Le principal problème est celui du passage de l'enregistrement à une forme écrite.

A partir de la transcription intégrale de l'enregistrement, il faut :

— reformuler les questions en les rendant plus simples, plus claires, et en leur faisant jouer le rôle d'intertitres annonçant un thème, une partie,

— supprimer, avec l'accord de l'interviewé, certains développements marginaux,

— éliminer la redondance et les éléments phatiques (ouais...euh...).

EXERCICES

1 Questions/réponses

Sans changer le contenu du texte, essayez d'introduire un jeu de questions ou de questions/réponses à partir de certaines phrases.

Le chandail à col roulé gagne lentement du terrain en face de la chemise portée avec cravate. Mais sans doute faudra-t-il attendre encore un moment pour que les hommes se sentent à l'aise, bras et jambes nus, vêtus comme leurs ancêtres, de couleurs éclatantes. Ils ont déjà repris la liberté de porter les cheveux à la longueur qui leur convient, ce qui n'est pas obligatoirement une preuve de dépravation. Mais l'opinion publique n'est pas encore mûre pour une transformation que les fabricants de vêtements commencent à préparer. Déjà, des tenues semblables convenant aux deux sexes sont vendues dans toutes les tailles nécessaires. Le couturier Jacques Esterel, qui avait déjà proposé des costumes avec pantalon semblables pour homme et femme, a été plus loin en fabriquant les mêmes robes longues, à toutes les heures du jour, pour le couple idéal. Cette initiative fut considérée en général comme une fantaisie sans conséquence, tant il est vrai que les idées sur la correction du costume masculin nées au XIXe siècle sont toujours considérées comme des vérités éternelles. S'habiller avec une certaine fantaisie jette encore un doute sur la qualité virile de celui qui ose se rapprocher de la frivolité un peu déshonorante du costume féminin.

Y. Deslandres, *Le Costume, image de l'homme.*
Ed. A. Michel

2 Questions

Retrouvez les questions posées par le journaliste dans cet extrait d'un article sur le pain.

Question 1

Non. En effet, malgré son apport important en vitamines et oligo-éléments, la teneur en fibres du pain complet peut irriter la muqueuse intestinale. Même chose pour le pain au son, réputé pour ses vertus laxatives, qui ne devrait être consommé qu'en cas de nécessité. Pour cette raison, le pain blanc est recommandé aux personnes sujettes aux troubles intestinaux.

Question 2

Grâce à un savant dosage de différentes farines, surtout en incorporant à la pâte un pourcentage de farine de soja ou de farine de coton, championnes en protides, on peut alléger le pain en glucides lents.

Question 3

Il existe une contre-indication absolue qui est l'intolérance au gluten ou gliadine. Or, cette protéine est présente dans les farines de blé, d'orge, de seigle et d'avoine. Le pain doit alors être remplacé par d'autres céréales comme le riz, le maïs ou le sarrasin.

Question 4

Non, sauf en cas de régime. Une femme adulte devrait consommer 150 à 200 g de pain par jour selon son activité.

Question 5

Le levain naturel assure une fermentation lente de la pâte, promesse d'un pain longue conservation. Au poids, ce pain est nettement plus lourd que celui à la levure. Cela signifie que le pain a levé en douceur, sans faire de bulles d'air. Un pain monté trop rapidement, donc poids-plume, a vite fait de se transformer en plâtre en quelques heures.

Question 6

Pour garder sa saveur, il a besoin de respirer bien à l'abri de l'humidité. Le sac en plastique est à bannir, sauf si on congèle le pain. Notons la très bonne initiative des Grands Moulins de Pantin et de Corbeil, proposant une excellente baguette à l'ancienne nommée « Baguépie ». Présentée en sac papier, elle concilie ainsi meilleure hygiène et bonne conservation.

RACONTER

COMMUNIQUER

ORDONNER SES IDÉES

EXPLIQUER

ARGUMENTER

ÉCRIRE UNE LETTRE

Savoir citer

Citer, c'est rapporter des paroles, un simple mot, des phrases ou un texte court tirés d'un message écrit. Ce procédé n'est pas seulement scolaire et universitaire : la presse, la publicité, la politique en usent de plus en plus.

Quel est le rôle des citations ?

Objectifs recherchés	Emplois
Concrétiser : la citation fait intervenir directement un personnage ou bien prend une valeur d'exemple.	Articles de presse, critique
Rendre plus vivant : la citation des paroles introduit le parlé dans l'écrit. On peut citer des paroles d'un registre familier ou relâché.	Articles de presse
Mettre en scène : quand plusieurs personnages sont cités, on n'est plus loin d'une scène de théâtre.	Articles de presse, publicité
Être objectif : citer, c'est éviter de se substituer à quelqu'un, c'est laisser le lecteur juge.	Articles de presse, essais
Donner des références à partir desquelles on commentera, on discutera.	Exercices scolaires
Par facilité : citer (et abuser des citations !), c'est gagner du temps.	Articles de presse
Pour faire autorité : on cite la Bible, Marx, le Pape, un chercheur scientifique, un spécialiste, des acheteurs satisfaits. Procédé inévitable mais parfois contestable !	Articles de presse, polémique, publicité
Par espoir de manipulation : c'est l'utilisation des citations, tronquées ou non, coupées de leur contexte. On peut alors faire dire à quelqu'un ce qu'il n'a pas dit !	Articles partisans, tracts

Comment citer ?

□ Citations courtes par insertion dans une phrase : quand on cite un titre, un mot, un groupe de mots, qu'on inscrit alors entre guillemets.

Exemple : Comme le rappelait X..., si souvent appelé le « gourou de la météo », certaines personnes subissent « un véritable syndrome du froid et des vents ».

□ Citations plus longues. On peut distinguer quatre situations.

1. Formule de présentation neutre + citation. On introduit, on prévient qu'on donne la parole en utilisant des formulations du type « X déclare, pense, suggère... ».

2. Formule de présentation avec jugement + citation. Le jugement peut souligner une connotation, résumer l'esprit de la citation, introduire une critique.

Exemple : D'un ton ferme, X l'a soigneusement précisé : « La France doit, sans attendre, ajuster sa politique extérieure au contexte international. »

3. Citation + jugement. Avantage : la formule de présentation devient inutile. Procédé fréquent au début d'un article de presse.

4. Citation enrobée par deux jugements.

Exemple : Il nous a déclaré sans broncher qu'« une bonne guerre résoudrait le problème démographique ». Cynique et sardonique, il attend notre réaction.

INTRODUIRE DES CITATIONS

CUISINE

La philosophie sur le plat

Titre
en forme
de calembour

Cuisine-t-on la même chose selon que l'on dîne entre soi ou que l'on reçoit ? Évidemment non, comme le savent tous ceux qui ont, un soir de flemme, devant un réfrigérateur désespérément bâillant, réchauffé des restes de spaghettis en un gratin de nouilles aux œufs à avaler prestement avant que démarre le film. Le sociologue Jean-Pierre Poulain a souhaité mieux cerner cette frontière en dressant la liste des catégories de plats qu'on mitonne pour ses invités et de ceux qu'on mijote pour ses proches. Résultat : pour les invités, on prépare des rôtis, un peu moins souvent des plats en sauce et presque jamais des plats où viandes, poissons ou légumes auraient bouilli. Entre soi, dans l'intimité des cuisines, c'est le contraire : on se prépare le plus souvent des plats en sauce, parfois des rôtis, et régulièrement des plats bouillis.

On attend
les citations

Résumé
des propositions
de J.-P. Poulain

Le sociologue, travaillant pour l'Observatoire civil de l'harmonie alimentaire, une cellule de recherche de l'industrie laitière, fournit l'explication à cet amusant constat. Le rôti serait une *« mise en scène du partage, l'occasion d'un rituel qui s'enracine au plus profond de la cuisine française »*. Soit le découpage à l'épée par l'hôte des pièces de viande devant ses convives alléchés, *« métaphore de sa maîtrise des armes »*. En revanche, plats en sauce et plats bouillis appartiennent à la catégorie de l'endocuisine, *« technique de cuisson à l'eau ou dans un liquide qui fait cuire le plat du dedans »*. Une recette qui correspond à des usages intimes — *« ce sont les plats qu'on partage avec les membres de son clan, de sa tribu »* — tandis que ce qui fut cuit du dehors, à la flamme, comme le rôti, se sert aux gens venus du dehors. Logique. ■ E.L

Des guillemets
ouvrent et ferment
chaque citation

Citation insérée
dans la phrase :
elle suit la formule
de présentation neutre

Citation insérée
très courte
(= une apposition)

Citation insérée
(= une apposition)

Citation insérée
entre tirets

Jugement
légèrement ironique

Le Point, n° 1355, p. 37, 5/9/98.

75

RACONTER

COMMUNIQUER

ORDONNER SES IDÉES

EXPLIQUER

ARGUMENTER

ÉCRIRE UNE LETTRE

Introduire

> Introduire la clé, la tourner dans la serrure, ouvrir... Toute introduction à bien ce rôle de déclic puis d'ouverture à une réalité, à un problème nouveaux. Mais il y a plusieurs catégories de clés et de serrures, d'introductions et de textes à présenter.

▬▬▬ A quoi sert une introduction ?

Toute introduction remplit trois grandes fonctions.

Accrocher. Si l'on n'éveille pas d'emblée l'attention, si l'on ne suscite pas l'intérêt, le lecteur n'aura aucune envie de poursuivre. Introduire, souvent, c'est séduire.

Présenter. Il faut présenter un problème, une série de documents, les circonstances d'une enquête.

Annoncer. Au-delà du problème posé, il faut annoncer le plan du développement.

▬▬▬ Les différents types d'introductions

Les règles de l'introduction sont modulables en fonction du genre (lettre, article, exercice scolaire...), de la situation de communication, de la longueur du texte.

	Que faire ?
Notes de service, circulaires	• Indiquer l'objet de la communication (en haut, à gauche) • Annoncer nettement le sujet et le plan suivi dans le premier paragraphe
Notices de documentation	• Indiquer les circonstances d'élaboration • Indiquer les délais d'utilisation (tout s'use très vite !) • Situer le public cible • Indiquer les règles de classement (ouvrages spécialisés, articles, films, cartes, etc.)
Notes de synthèse	• Présenter en les citant les documents étudiés • Indiquer la problématique choisie • Annoncer le plan suivi dans le développement
Comptes rendus (visites, enquêtes)	• On peut succinctement signaler l'objet en haut et à gauche • Préciser les circonstances de la visite, de l'enquête (quand ? où ? qui ? quoi ?...)
Rapports	• Introduction générale : accrocher, présenter le thème ou le problème abordé, annoncer le plan. Elle peut atteindre une ou deux pages • Introductions des différents chapitres : très courtes, centrées sur le thème abordé
Lettres officielles	• Signaler l'objet en haut et à gauche • Respecter scrupuleusement les formules d'appel et les formules introductives
Articles de presse	• L'introduction appartient à un système général d'accroche • Elle se limite souvent à l'événement, aux données numériques, à la question présentée dans le chapeau ou dans le premier paragraphe de l'article
Dissertations, essais (domaine scolaire)	• Il faut, dans l'ordre : partir d'une idée générale, compte tenu de cette perspective, citer le jugement à discuter et poser le problème à résoudre, annoncer brièvement le plan.

La rubrique

Titre valorisé
par la typographie

CITÉ

Gruissan

village intact

Annonce
du thème
de l'article

Le chapeau :
situation
géographique
du « village
intact »

Tel un escargot de mer, le village de Gruissan s'est niché tout près de son étang. En lien éternel avec la Méditerranée, il continue à nourrir son âme dans le petit massif de la Clape.

Redondance

Dans les années 1960, le visiteur étranger au pays croit au mirage en bord de Méditerranée. Par une petite route prise presque par hasard, il surprend Gruissan, lové autour de la tour Barberousse. Il imagine à ce village un horizon sans nuage, tourné vers la pêche et les vignes. 1974 va bousculer l'image. L'aménagement touristique du littoral Languedoc-Roussillon métamorphose le territoire, mais il conservera intact ce petit village du bout du monde, aux toits de tuile orangés, choisi jadis par Grussius, illustre vacancier de la Gaule romaine.

Reprise de l'image
de l'escargot de mer

Le premier paragraphe :
il est fondé sur
l'antithèse hier/aujourd'hui

Évasions, juillet 1998.

RACONTER

COMMUNIQUER

ORDONNER SES IDÉES

EXPLIQUER

ARGUMENTER

ÉCRIRE UNE LETTRE

Conclure

> Conclure, ce n'est pas seulement clore un texte, le terminer au petit bonheur. Toute conclusion implique le respect de règles admises et relativement codées, modulables selon les différents types de messages écrits.

▬▬▬ A quoi sert une conclusion ?

La conclusion n'est pas un verrouillage total. Elle se structure en général ainsi :
1. Bilan du développement qui la précède
2. Expression de jugements personnels sur ce bilan
3. Ouverture de perspectives nouvelles, propositions d'action (= une prospective)

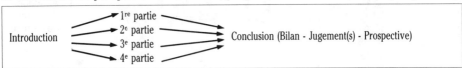

▬▬▬ Les différents types de conclusions

Les règles de la conclusion sont modulables en fonction du genre (lettre, article, note de synthèse, essai...), de la situation de communication, de la longueur du texte (de quelques lignes pour un article court à plusieurs pages pour un livre).

	Que faire ?
Notes de synthèse	• Que cet écrit soit de nature scolaire ou professionnelle (étude de produits, de solutions à un problème, de textes...), il implique deux catégories de conclusions : • Une conclusion objective, à partir de l'étude des différences et des ressemblances entre textes, idées, documents • Une conclusion personnelle : on prend parti sur les contenus des documents étudiés, on indique une préférence, un choix, on fait des propositions
Comptes rendus	• Faire un bilan bref • Émettre un jugement sur les « leçons » de l'étude, de la visite réalisées
Rapports	• Conclusions partielles des différents chapitres : faire rapidement le bilan • Conclusion générale : résumer brièvement les conclusions partielles, présenter des solutions et des propositions
Lettres officielles	• Utiliser les formules de politesse codées
Dissertations, essais (domaine scolaire)	• Bilan bref, jugement(s) personnel(s), élargissement (nouvelles orientations, pistes pour des recherches ultérieures)

▬▬▬ Conclure... au début

C'est souvent le cas dans les articles de presse ou les écrits publicitaires. Ainsi, l'essentiel des idées et la conclusion sont exprimés dans le titre, le sous-titre, le chapeau et, parfois, une photo légendée. Ces éléments constituent un circuit court de lecture qui permet une mise au courant très rapide.

■ La conclusion d'un rapport

Après enquête du rapporteur

Proposer

Justifier les propositions

Termes et abréviations techniques connus du destinataire

Objet du rapport : demande de financement d'une entreprise
Compte tenu des entretiens que nous avons eus et de l'enquête réalisée, il semble que nous pourrons entrer en relations bancaires avec BONIVIC si nous lui proposons :
— un financement de 1 MF sous forme A.C.C. par débit en compte ordinaire au tarif A ;
— la possibilité d'utilisation de cette ligne par escompte de B.O. d'un montant multiple de 500 KF, avec référence PIBOR + 1,75 %.
Une telle offre se justifie par deux raisons essentielles :
— les solides atouts de BONIVIC pour devenir rapidement une entreprise florissante sous la direction du très dynamique Gérard MILON ;
— notre non participation à la couverture des crédits d'investissements, déjà assurée par nos confrères.

■ Conclure en commençant

Photo du champ à droite du texte

Sujet de l'article (surprise, suspense)

Bilan de l'article

Jugements

Le tour de la Terre avec 1,5 hectare de colza

Avec l'huile que produit ce champ, une Renault 21 équipée d'un moteur polycarburant a fait 44 000 km. Non seulement ses performances (vitesse, consommation) sont remarquables, mais, de plus, la quantité de CO_2 que son pot d'échappement a relâché dans l'atmosphère est par définition égale à celle que le colza a fixée. Donc, pas d'augmentation de l'effet de serre.

M. Mennessier, *Science et Vie*, n° 861

RACONTER

COMMUNIQUER

ORDONNER SES IDÉES

EXPLIQUER

ARGUMENTER

ÉCRIRE UNE LETTRE

Choisir ses mots

Qu'on parle ou qu'on écrive, choisit-on vraiment ses mots ? Ne viennent-ils pas « naturellement », par voie réflexe ? En rester à cette illusion serait dangereux pour qui veut utiliser les termes les plus adaptés à une situation de communication et à un type d'écrit.

Mots concrets ou mots abstraits ?

☐ Les mots concrets se réfèrent à des êtres ou des objets que les sens peuvent percevoir. Ils sont donc proches du réel et parlent à notre affectivité. *Exemples :* bleu, pigeon, confetti.

☐ Les mots abstraits se réfèrent à des qualités, des caractères très généraux des êtres ou des objets. Comme l'opération d'abstraction est mentale, elle semble nous couper du réel. En fait, les mots abstraits sont plus ou moins proches de la réalité vivante.

Vers le	Délicatesse	Tutelle	Liberté	Vers l'abstraction
monde concret	Mot plutôt concret : gestes, attitudes...	Concret par métaphore (le tuteur)	Plus abstrait mais multitude d'exemples	

Lexique courant ou lexique spécialisé ?

☐ Le vocabulaire courant. Dès que l'on écrit pour tous (presse, notices, certains récits...) on a intérêt, pour se faire comprendre, à utiliser un vocabulaire courant, qui correspond à une sorte de français de base, et qui permet la vulgarisation. *Exemple :* « prétentieux » passe mieux que « présomptueux ».

Ce vocabulaire courant est fait souvent de termes génériques, c'est-à-dire synthétiques, mieux connus du grand public que le vocabulaire spécialisé. *Exemple :* « voilier » passe mieux que « goélette à huniers ».

☐ Le vocabulaire spécialisé des différentes disciplines (philosophie, critique d'art, sciences et techniques, droit...) est à recommander dès qu'on s'adresse à un public averti ou à des spécialistes. Il faut donc l'utiliser sans complexe dans les rapports, les articles, les mémoires, les notices destinés à ces lecteurs très ciblés.

☐ Le terme technique offre d'énormes avantages : il est très précis, très proche du réel (une image suffit pour le définir), monosémique (un seul sens).

Quels mots pour la littérature ?

☐ Termes polysémiques. Les mots du roman, du poème, des notes de voyage doivent être polysémiques (plusieurs significations) et très connotatifs (significations secondes, suggérées par le mot dans tel contexte). Ainsi naît le style.

☐ Écarts de style. Les mots de la littérature sont aussi des écarts de style comme la métaphore, la métonymie, etc. Ils ont une grande richesse connotative.

La calvitie est un résumé de l'histoire du genre humain. Implication du lecteur... chauve
Sorti d'une forêt vierge , on se retrouve à répartir la pénurie.
Vous aviez sur la tête le jardin d'Eden . Vous ne disposez plus que d'un capital menacé .

Métaphores burlesques et polysémiques

Humour

EXERCICES

1 Expression

A partir des données du schéma et des informations que vous pouvez réunir, rédigez deux textes sur le fonctionnement d'une station d'épuration biologique des eaux usées, l'un pour une revue technique, l'autre pour le grand public. Grand Larousse

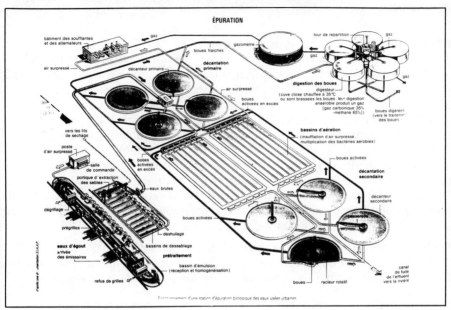

ÉPURATION

Fonctionnement d'une station d'épuration biologique des eaux usées urbaines

2 Analyse

1. Dans le texte de Céline, étudiez la polysémie (sens du dictionnaire + connotations dans le texte) des mots soulignés.
2. Relevez les métaphores et les comparaisons. Étudiez leurs significations.

Faut avoir le courage des crabes aussi, à Rancy, surtout quand on prend de l'âge et qu'on est bien certain d'en sortir jamais plus. Au bout du tramway voici le pont poisseux qui se lance au-dessus de la Seine, ce gros égout qui montre tout. Au long des berges, le dimanche et la nuit les gens grimpent sur les tas pour faire pipi. Les hommes ça les rend méditatifs de se sentir devant l'eau qui passe. Ils urinent avec un sentiment d'éternité, comme des marins. Les femmes, ça ne médite jamais. Seine ou pas. Au matin donc le tramway emporte sa foule se faire comprimer dans le métro. On dirait à les voir tous s'enfuir de ce côté-là, qu'il leur est arrivé une catastrophe du côté d'Argenteuil, que c'est leur pays qui brûle. Après chaque aurore, ça les prend, ils s'accrochent par grappes aux portières, aux rambardes. Grande déroute. C'est pourtant qu'un patron qu'ils vont chercher dans Paris, celui qui vous sauve de crever de faim, ils ont énormément peur de le perdre, les lâches. Il vous la fait transpirer pourtant sa pitance. On en pue pendant dix ans, vingt ans et davantage. C'est pas donné (...)

Céline, *Voyage au bout de la nuit*, Gallimard, 1932

| RACONTER |
| COMMUNIQUER |
| ORDONNER SES IDÉES |
| **EXPLIQUER** |
| ARGUMENTER |
| ÉCRIRE UNE LETTRE |

Définir

Définir un objet ou un être, c'est donner de lui un minimum de caractéristiques qui permettent de le différencier. On définit un mot avec des mots supposés connus : telle est la fonction métalinguistique du langage.

Que doit contenir une définition ?
☐ La définition d'un mot correspond à son sens dénoté, c'est-à-dire son sens le plus neutre et le plus objectif, celui que livrent les dictionnaires. Ce sens s'exprime dans une ou plusieurs phrases dont le rôle est d'énumérer les caractères principaux du mot ou sèmes.
☐ Définir, c'est d'abord inclure, dans un genre, une catégorie. Ce premier caractère correspond à l'extension de la notion. *Exemple :* une table est un meuble.
☐ Définir, c'est aussi caractériser, dire ce qui distingue le mot : aspect extérieur, éléments constitutifs (pour une table, un ou plusieurs pieds et un plateau), fonction (une table permet de s'attabler pour manger), parfois l'origine.
☐ D'autres informations peuvent aussi être données : étymologie (table de "tabula", planche), polysémie du mot (table pour le repas, table de multiplication, table chronologique...), synonymie, exemples d'emploi du mot.

Comment adapter une définition au lecteur ?
La définition correspond à une attente du lecteur. Mais il faut l'informer sans le décourager, en tenant compte de sa demande, de son niveau de connaissances.

Types d'écrits	Besoins du lecteur	Nature de la définition
Articles de presse, écrits de vulgarisation, notices pour le grand public.	Être mis au courant rapidement et agréablement.	• En continu dans une phrase : synonyme(s), précisions rapides entre tirets ou entre parenthèses, précisions après « c'est-à-dire »... • En discontinu : les différents caractères de la notion sont livrés peu à peu, en même temps que les explications.
Presse spécialisée, ouvrages techniques et scientifiques.	Lecteur averti qui recherche des informations « pointues ». Très bonnes connaissances de base.	Définir en continu avec des mots du vocabulaire technique et scientifique. Parfois, entre parenthèses, rappeler brièvement le sens principal de ces mots.
Lexiques, glossaires en fin d'article, de rapport, d'ouvrage.	Le lecteur peut s'y reporter facilement et y revenir plusieurs fois.	Définition dans une ou plusieurs phrases, souvent elliptiques ou nominales. Le vocabulaire dépendra du type de lecteur.

Définir par l'image ou le schéma
☐ Les images, les dessins, les schémas (plans, vues « éclatées », coupes..) ressemblent à l'objet ou l'être reproduits. Leur saisie très rapide économise de longs discours.
☐ Il est judicieux et pratique de les associer à une définition. Il suffira par exemple de dessiner une machine et de nommer ses éléments constitutifs sur le dessin lui-même. Le texte retiendra les autres caractères de l'objet.

3 EXEMPLES DE DÉFINITIONS

■ La construction d'une définition de dictionnaire

Entrée

Forme non attestée
mais supposée

Fonction

Rapide mise
au point

GARANCE n.f. (bas lat. *warantia,* du frq.
*wratja). 1. Plante (rubiacée) à fleurs jau-
nâtres, de 0,30 à 1,50 m dont le rhizome
fournit un colorant rouge et poussant
dans les bois et les buissons. La culture
de la garance a cédé à la concurrence de
l'alizarine artificielle. — 2. Racine de cette
plante. — 3. Teinture fournie par ce
rhizome. Autres sens   Dict. Larousse

Étymologie

Abréviation
(= francique)

Inclusion dans
une espèce

Aspect, hauteur

Milieu

■ La construction d'une définition, à l'intérieur d'un texte de vulgarisation

Inclusion dans
un genre

(...) Jusqu'en 1963, on a utilisé les neuroleptiques sans comprendre comment
ils agissaient. Le Suédois Carlsson four-
nira la première piste importante, en montrant que les neuroleptiques bloquent
l'action de la dopamine. Cette dernière
est un neurotransmetteur, c'est-à-dire
une molécule fabriquée par certains neu-
rones pour communiquer avec d'autres
cellules nerveuses. Comme tout neurotransmetteur, la dopamine peut être com-
parée à une clé biochimique qui actionne
une serrure spécifique, le récepteur. (...)

M. de Pracontal, *Nouvel Observateur,* 13-19/8/90.

Fonction

Terme introducteur
d'une définition

Comparaison

■ La construction d'une définition dans un ouvrage spécialisé

Intertitre

Rédaction articulée

VARIATIONS, VARIABILITÉ DE L'ESPÈCE

Une espèce n'est jamais homogène. Elle
peut présenter deux types de variations :

• Somations (grec *soma,* corps)
Ce sont des modifications non hérédi-
taires résultant des conditions du milieu
(nourriture, climat...).
• Mutations (latin *mutare,* changer)
On appelle mutation une variation brusque et d'emblée héréditaire observée
dans la descendance des parents nor-
maux. (...)   Manuel de biologie.

Définitions
en antithèse

RACONTER

COMMUNIQUER

ORDONNER SES IDÉES

EXPLIQUER

ARGUMENTER

ÉCRIRE UNE LETTRE

Savoir expliquer

Expliquer, c'est donner à quelqu'un les moyens de comprendre un événement, un phénomène, un processus. Dans la presse, les ouvrages spécialisés, les livres scolaires, mais aussi dans les dépliants commerciaux et les fiches techniques, il faut trouver les moyens de rendre clair ce qui ne l'est pas d'emblée.

Comment expliquer ?

☐ Une explication répond à des questions, formulées ou implicites : qu'est-ce que c'est ? Comment cela fonctionne-t-il ? Pourquoi ?

☐ Dans la pratique, expliquer, ce peut être

- définir (un mot, un phénomène, une structure) ;
- décrire une suite de phénomènes ou un mécanisme en montrant des enchaînements, des rapports de cause à effet ;
- respecter une chronologie et une logique.

☐ Selon le problème posé, l'une de ces opérations peut l'emporter.

Comment présenter ses explications ?

☐ Tenir le plus grand compte du destinataire : quelles sont ses connaissances ? Quel niveau de langue peut-on utiliser ? Peut-on employer un vocabulaire technique ?

☐ Respecter les règles de la lisibilité : paragraphes courts et alinéas solidement structurés, termes de liaison (mais, donc, aussi, par contre, puis, ensuite, car, parce que, pour...) et cela dans tous les cas.

☐ Ne pas négliger les comparaisons, les rapprochements avec des phénomènes, une situation connus.

☐ La mise en tableau des informations les visualise, en facilite l'analyse, fait comprendre les corrélations. A utiliser pour les explications de type descriptif ou analytique.

S'aider de schémas et de graphiques

☐ Un schéma, représentation simplifiée mais figurative d'un objet, d'un être, d'une structure, évoque directement le réel puisqu'il lui ressemble. De plus, il peut être complété par le nom de ses composantes et un système de flèches indiquant un fonctionnement. Mieux, le schéma permet d'alléger le texte initial.

☐ Un graphique, à la différence du schéma, représente non plus des objets ou des ensembles d'objets mais des grandeurs dans des espaces abstraits.

Exemple : sur le même graphique, plusieurs courbes indiquant la consommation de charbon, de pétrole, d'énergie nucléaire, etc. faciliteront les explications sur l'essor et le déclin de ces sources d'énergie.

☐ Une combinaison. Combinés, textes, tableaux, dessins, schémas et graphiques constituent un message composite original, aéré, agréable à l'œil.

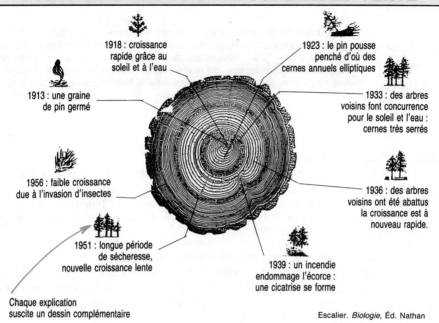

1918 : croissance rapide grâce au soleil et à l'eau

1923 : le pin pousse penché d'où des cernes annuels elliptiques

1913 : une graine de pin germé

1933 : des arbres voisins font concurrence pour le soleil et l'eau : cernes très serrés

1956 : faible croissance due à l'invasion d'insectes

1936 : des arbres voisins ont été abattus la croissance est à nouveau rapide.

1951 : longue période de sécheresse, nouvelle croissance lente

1939 : un incendie endommage l'écorce : une cicatrise se forme

Chaque explication suscite un dessin complémentaire

Escalier. *Biologie*, Éd. Nathan

Texte pour une revue destinée à des jeunes

Impliquer le lecteur

Vous avez déjà observé un pin que l'on vient de couper. Sa tranche suante de résine porte des cercles concentriques, les cernes, qui sont sa mémoire et peuvent vous conter sa vie. Un cerne, en effet, représente une année de croissance.

Métaphores : elles permettent de mieux comprendre

Les premiers sont souvent très larges : l'enfant pin profite au maximum des bienfaits du soleil et de la pluie. Si les cernes s'élargissent d'un seul côté, c'est qu'il a poussé penché. Si ses voisins lui disputent l'eau et la lumière, les cernes sont très serrés : triste vie ! Si ces voisins gênants sont abattus,

Mise en scène

notre pin reprend sa croissance et les cernes s'élargissent gaiement. Hélas ! la sécheresse, les insectes et même le feu l'attaquent : il résiste bravement mais les cernes rapetissent. Drôle de vie que celle d'un pin !

Complicité avec le lecteur

RACONTER
COMMUNIQUER
ORDONNER SES IDÉES
EXPLIQUER
ARGUMENTER
ÉCRIRE UNE LETTRE

Rédiger un mode d'emploi

Des articles ménagers à la tondeuse à gazon, de l'appareil photographique au micro-ordinateur, la civilisation moderne offre de plus en plus d'objets au fonctionnement complexe. Sous la forme de dépliants, de livrets, réduits parfois à une feuille, les modes d'emploi ont pour fonction de rendre ces objets familiers et utilisables.

▬▬ Définir les éléments
☐ L'acheteur veut d'abord connaître les pièces constitutives de l'objet, du moins celles qui sont apparentes, à sa portée et qu'il utilisera directement.
☐ Il faut donc les énumérer, les définir brièvement, signaler leur fonction.
☐ Un dessin ou un schéma de l'objet est souhaitable puisque sa vertu première est de ressembler à l'objet acquis.

▬▬ Définir et analyser des étapes de fonctionnement
☐ Nécessaire lisibilité. Une fois repérés les boutons, manettes, leviers qui caractérisent l'objet, l'utilisateur essaiera de le mettre en service. Il est souvent nerveux et un peu anxieux (manque d'habitude, peur d'endommager une pièce, etc.). Il faut donc lui fournir un document lisible et rassurant, facile à comprendre.
☐ Que faire ? Comment ? Avec quoi ? Trois questions liées que se pose l'utilisateur. Pour chaque étape, indiquer les différentes manipulations nécessaires avec le maximum de précision et de simplicité.
Exemple : Pour mettre en place un objectif photographique, il faut :
1. Ôter le bouchon du boîtier et le bouchon arrière de l'objectif en les faisant tourner dans le sens inverse aux aiguilles d'une montre.
2. Aligner ensuite le point rouge situé sur le barillet de l'objectif et l'index rouge sur l'appareil.
3. Introduire la baïonnette de l'objectif dans la monture puis tourner l'objectif dans le sens des aiguilles d'une montre jusqu'à son blocage.
☐ Des photos ou des dessins de l'objet sur lesquels sont indiquées les manipulations (par exemple, fléchage en couleur) sont toujours d'un grand secours. Faire correspondre les numéros du texte (différentes étapes) et ceux des photos.
☐ Les mises en garde
Ne pas oublier de mettre en garde contre les mauvais montages, les mauvaises utilisations et donner des conseils d'entretien.

▬▬ Savoir présenter les explications
☐ Utiliser une syntaxe simple, avec des phrases plutôt courtes. L'impératif ou l'infinitif sont de rigueur puisqu'on donne des directives.
☐ Préférer les paragraphes courts et les alinéas aux paragraphes longs et touffus. Utiliser la rédaction articulée.
☐ Utiliser des intertitres nommant ces différentes opérations.
☐ Placer les textes et les images en regard pour assurer une stricte correspondance.

VOICI VOTRE CONGÉLATEUR FRIDEX

Illustrer :
dessins strictement
nécessaires avec
légende

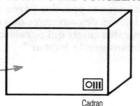

Cadran

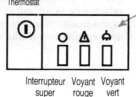

Thermostat

Cadran directement
utilisable

Interrupteur   Voyant   Voyant
super   rouge   vert

INSTALLATION DU FRIDEX

Donner la fonction
d'un élément
lorsque c'est
indispensable

• Quand votre congélateur fonctionne, tous les côtés sont chauds. Il faut donc laisser un espace de 5 cm tout autour : l'air pourra disperser la chaleur.

• La plaque signalétique placée à l'arrière de votre congélateur donne les informations pour le raccordement électrique. Dés que votre congélateur est sous tension, le voyant vert s'allume. [...]

Syntaxe simple,
phrases courtes

UTILISATION DU FRIDEX

Indiquer les
manipulations
successives

• **Conservation**

Réglez le thermostat à − 18 °C, température idéale pour la conservation. La température est la même dans les deux compartiments.

L'interrupteur super doit être coupé.

• **Congélation**

Placez les denrées à congeler rapidement dans le petit compartiment, à droite.

Faites basculer l'interrupteur super utilisé pour congeler des articles frais. Son voyant rouge s'allume.

Termes techniques
inévitables
(ils sont encadrés)

Utiliser des alinéas

Le congélateur va marcher de façon continue et la température va se stabiliser à − 30 °C dans les deux compartiments.

Au bout de 24 h, vous pouvez couper l'interrupteur super : les denrées sont congelées.

• **Voyant rouge**

Il s'allume lorsque la température des deux compartiments dépasse de 3 °C la température de réglage du thermostat.

Utiliser des
intertitres en
gros caractères

CARACTÉRISTIQUES TECHNIQUES (...)

ENTRETIEN, PANNES (...)

RACONTER
COMMUNIQUER
ORDONNER SES IDÉES
EXPLIQUER
ARGUMENTER
ÉCRIRE UNE LETTRE

Expliquer un mécanisme

Dans la civilisation technicienne actuelle, les occasions d'expliquer un mécanisme ne manquent pas, des livres techniques aux articles de la presse spécialisée, des ouvrages de vulgarisation à... la science-fiction. Mais, sur des sujets qui paraissent souvent arides, comment ne pas décourager le lecteur ?

Qu'est-ce qu'un mécanisme ?
☐ Au sens propre, le seul retenu ici, un mécanisme est un dispositif constitué d'éléments assemblés, reliés les uns aux autres et remplissant une fonction déterminée. *Exemples :* un mécanisme d'horlogerie, un système de freinage.
☐ Dans le cas d'une machine, on a toujours affaire à un moteur, un système de transmission, un ou plusieurs outils.

Quelles explications donner ?
Toute explication se fera selon deux plans complémentaires, l'un statique et l'autre dynamique.
☐ Désigner et décrire les différents éléments du mécanisme et leurs fonctions.
☐ Analyser ensuite, très rigoureusement, les étapes du fonctionnement. Il faut toujours s'efforcer de répondre à des questions simples : quoi ? où ? quand ? comment ? pourquoi ? Elles permettent de ne rien oublier.

Utiliser photos, dessins et schémas
☐ Les dessins et les schémas sont essentiels, qu'ils soient en perspective cavalière ou en coupe. Ils permettent en effet :
— une bonne visualisation des éléments du mécanisme,
— un allègement du texte.
☐ Des indications écrites (désignation des éléments) et un fléchage (sens de l'avancement du produit usiné, trajectoires, etc.) seront reportés sur ces dessins et ces schémas.

Tenir le plus grand compte du destinataire
☐ Si l'on veut vulgariser, il faut absolument :
— choisir de présenter les éléments vraiment essentiels,
— utiliser deux ou trois intertitres pleins,
— définir les quelques termes techniques indispensables.
☐ La tâche est plus facile avec des spécialistes ou un public averti : un vocabulaire technique et précis est de rigueur, les schémas peuvent être complexes, des graphiques peuvent intervenir (courbes, diagrammes, etc.).

Peut-on utiliser un tableau ?
C'est souvent possible. Le tableau permet de spatialiser les informations. On peut même intégrer des dessins et des schémas simples.

L'ORGANISATION DE L'EXPLICATION

Utiliser
des intertitres

Le vocabulaire
précis

LE MOTEUR A EXPLOSION A QUATRE TEMPS

Principe du moteur à explosion
Un moteur à explosion est un <u>moteur thermique</u>
<u>dans lequel</u> le travail est produit par la combustion
d'un mélange gazeux. Cette combustion se fait en
un temps très court, comme une explosion, et le
mélange gazeux est porté à haute température.

Fonctionnement du moteur à 4 temps
Le cycle de fonctionnement comprend quatre
temps :

Analyser les étapes
du fonctionnement

Rédaction articulée

1. **Temps d'admission.** La soupape d'admission
S_1 est ouverte et la soupape d'échappement S_2
est fermée. Le piston P s'éloigne du fond du cylindre en aspirant le mélange gazeux combustible
provenant du carburateur.

Correspondance
texte/schéma

2. **Temps de compression.** Les deux soupapes
S_1 et S_2 sont fermées. Le piston remonte en com-
primant le mélange gazeux.
A la fin de ce deuxième temps, quand la compression est suffisante, une étincelle électrique produite
par la bougie provoque l'explosion du mélange :
c'est l'allumage.

3. **Temps moteur.** Les deux soupapes S_1 et S_2
restent fermées. Sous l'action de la forte augmentation de pression, le piston, repoussé, redescend.

4. **Temps d'échappement.** La soupape d'admission S_1 est fermée et la soupape d'échappement
S_2 est ouverte. Le piston remonte en refoulant les
gaz brûlés dans l'atmosphère.

Désignation des
éléments essentiels

Guide de la route, Sélection du Reader's Digest 1969

Illustrer :
vues en coupe

Fléchage de la
course du piston P

Cylindre

Reprendre des
explications du texte

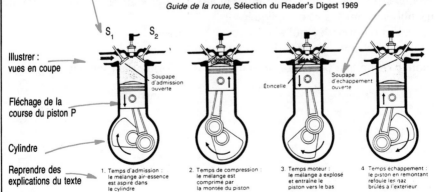

S_1 S_2

Soupape
d'admission
ouverte

Étincelle

Soupape
d'échappement
ouverte

1. Temps d'admission :
le mélange air-essence
est aspiré dans
le cylindre

2. Temps de compression :
le mélange est
comprimé par
la montée du piston

3. Temps moteur :
le mélange a explosé
et entraîne le
piston vers le bas

4. Temps échappement :
le piston en remontant
refoule les gaz
brûlés à l'extérieur

| RACONTER |
| COMMUNIQUER |
| ORDONNER SES IDÉES |
| **EXPLIQUER** |
| ARGUMENTER |
| ÉCRIRE UNE LETTRE |

Rédiger la notice technique

Écrit très court de type descriptif, la notice technique accompagne un produit manufacturé ou un médicament. Une entreprise a donc le plus grand intérêt à la faire composer et rédiger avec le plus grand sérieux.

▬▬▬ Quelles informations communiquer ?
□ Elles dépendent du type de produit : automobile, désherbant, médicament ou stylo.
□ Dans la plupart des cas, il faut :
— préciser la nature et la destination de l'objet,
— donner un descriptif technique extrêmement précis (on désigne l'objet et ses constituants, on définit, on explique, on donne la composition chimique...),
— informer sur les fonctions, les applications de l'objet,
— insister sur les avantages,
— signaler les précautions d'emploi et les contre-indications.
□ La notice est un document informatif et, donc, non publicitaire : on s'interdira les louanges et les enthousiasmes intempestifs !

▬▬▬ A qui s'adresse-t-on ?
Les notices techniques visent deux publics :
1. Détaillants, revendeurs, agents commerciaux. La notice doit être très technique et très détaillée. On peut y prévoir les réponses aux critiques de la clientèle.
2. Le grand public. Il a droit aux explications techniques mais, quand c'est possible, il faut simplifier, alléger. On insistera sur les précautions d'emploi.

▬▬▬ Comment assurer la lisibilité ?
Document très technique, donc rébarbatif, la notice ne saurait être un texte compact divisé en paragraphes. Il faut donc développer les aspects phatiques du message (tout ce qui en facilite la perception). On aura recours :
— aux intertitres précis qui annoncent un sous-ensemble, par exemple la composition chimique, les interactions médicamenteuses,...
— aux alinéas plutôt qu'aux paragraphes et aux phrases courtes et nominales plutôt qu'aux phrases longues et compliquées,
— à la rédaction articulée qui aère, découpe, visualise,
— aux dessins et aux schémas d'accompagnement.
Une notice technique peut être présentée sous la forme d'un tableau.

Caractéristiques	Descriptif
Nature et composition du produit	
Caractéristiques techniques	
Domaines d'utilisation	
Précautions à prendre	
Résultats escomptés	

EXEMPLE DE NOTICE TECHNIQUE

NOVIA 1400

Intertitres précis → **Nature et composition**
- Novia 1400 est un <u>dégraissant</u> industriel pour toitures.
- Présenté sous forme de <u>concentré</u> liquide, il est diluable à l'eau.
- Composition : <u>chlorure de kerdhamonium activé en amonium quaternaire</u>.

Vocabulaire technique

Alinéas ou phrases isolées

Fonctions de Novia 1400
- Spécialement conçu pour les nettoyages diffici- les des tuiles encrassées par la pollution, les dé- pôts organiques, les champignons.
- Applicable sur les tuiles de terre cuite, de ciment, de fibro-ciment et sur les ardoises.

Vocabulaire courant

Applications
Beaucoup d'énumérations
- Novia 1400 s'applique à raison de 1 litre pour 10 m².
- Procédé : pulvérisation à basse pression (3 à 5 bars).
- L'eau à 50° triple ses effets.

Nécessité de chiffrer

Avantages
- Ne nécessite pas de récurage ni d'action abra- sive.
Phrases simples
- Ne nécessite pas de rinçage.
- N'attaque pas les métaux, ni les peintures, les textiles, le caoutchouc.
- Biodégradable à 85 %.

Sécurité d'emploi
- Novia 1400 est conforme aux circulaires des 6-11-63 et 8-4-88 du ministère de l'Agriculture.
- Ne dégage aucune vapeur nocive.
- Aucun danger pour la peau.
- Toutefois, attention au contact avec les yeux : laver de suite à grande eau.

Informations toujours indispensables

RACONTER

COMMUNIQUER

ORDONNER SES IDÉES

EXPLIQUER

ARGUMENTER

ÉCRIRE UNE LETTRE

Rédiger une recette

Qui n'a eu l'occasion, pour des amis, le journal de son entreprise ou la brochure d'un syndicat d'initiative, de présenter une recette de cuisine ? Et que de recettes dans la presse ! La cuisine, indice de haute civilisation, est à l'ordre du jour. Mais rédiger une recette n'est pas si facile.

Pour quels destinataires ?

Sans hésitation, il faut répondre : pour tous, y compris les enfants, qui seront ravis de mettre la main à la pâte. Le rédacteur d'une recette doit donc :
— bannir tout texte compact et rébarbatif,
— fuir l'excès de vocabulaire technique,
— se montrer extrêmement précis,
— visualiser son texte.

Rédiger selon un ordre logique

Le texte doit être très analytique : chaque opération doit être clairement définie. On suivra le plan suivant :
☐ Durée : préparation, cuisson, congélation...
☐ Ingrédients : nom des produits utilisés et quantités. Et pour combien de personnes ?
☐ Matériel : par exemple un four électrique, une sauteuse, un moule...
☐ Méthode : description analytique des opérations nécessaires.
Pour être sûr de ne rien oublier, on pourra s'aider d'un brouillon en forme de tableau.

Différentes opérations	Produits utilisés	Matériel utilisé	Temps

Quels mots et quelles phrases utiliser ?

☐ On ne peut échapper à un minimum de vocabulaire technique, supposé connu et souvent défini dans les lexiques des manuels de cuisine. Lorsque le destinataire est vraiment un débutant, on peut, en fin de recette, définir succinctement deux ou trois termes.
Exemples : julienne : légumes coupés en minces lanières
        paner : saupoudrer de chapelure ou de pain rassis.
☐ La phrase doit être courte et très injonctive : utiliser le vous, l'impératif ou l'infinitif : « Travaillez les jaunes d'œufs avec le sucre. » Sa structure doit être simple : impératif + complément d'objet presque toujours.

Comment visualiser ?

Le destinataire doit avoir envie de goûter, donc de préparer. Il faut donc favoriser la lisibilité du message, qu'il aura d'ailleurs sous les yeux pendant son travail.
☐ Le titre sera simple et clair : « Bavarois d'asperges », « soupe aux huîtres ».
☐ On préférera les alinéas bien détachés (un par opération importante) à un paragraphe compact.

EXEMPLE DE RECETTE

Catégorie du plat

Nombre de personnes, durée

Titre bien détaché

Entrée

Pissaladières

Pour 4 personnes - Préparation : 20 min
Cuisson : 1 h 20

Ingrédients (excellente lisibilité)

- 2 rouleaux de pâte feuilletée déjà étalée (400 g)
- 1,5 kg d'oignons émincés surgelés
- 2 gousses d'ail
- 8 filets d'anchois à l'huile
- 80 g d'olives noires de Nice
- 1 brin de sarriette
- 6 cl d'huile d'olive
- 1 morceau de sucre
- sel, poivre

Réalisation

Ustensile essentiel

■ Placez les oignons encore surgelés dans une cocotte. Ajoutez les gousses d'ail pelées et pressées, le brin de sarriette et le morceau de sucre. Salez et poivrez.
■ Versez 10 cl d'eau et l'huile d'olive. Recouvrez et laissez cuire 30 min sur feu moyen. Découvrez la cocotte, faites cuire 30 min encore, jusqu'à ce qu'il ne reste plus de liquide dans la cocotte et que l'oignon ait la consistance d'une confiture. Faites-le légèrement caraméliser. Laissez refroidir complètement.
■ Préchauffez votre four sur thermostat 7 (210 °C).
■ Couvrez une plaque à pâtisserie d'une feuille de papier sulfurisé.
■ Déroulez la pâte sur le plan de travail. Découpez 4 disques d'environ 16 cm de diamètre. Glissez-les sur la plaque à pâtisserie.
■ Piquez-les avec les dents d'une fourchette. Disposez en croix, sur chacun, 2 filets d'anchois égouttés. Couvrez d'une couche d'oignons confits et répartissez les olives. Glissez la plaque au four et laissez cuire pendant 20 min.
■ Poivrez à nouveau à la sortie du four et servez chaud.
■ Accompagnez vos pissaladières d'une salade mélangée.

Ustensiles

Emploi de l'impératif

Un alinéa simple et clair par opération

Conseil : pour découper les disques, utilisez une assiette à dessert comme gabarit et suivez-en les contours en utilisant un petit couteau bien affûté.

Une photo des pissaladières figure au verso de la recette

Souci de lisibilité : le conseil en hors texte

Femme actuelle n° 719, 6 - 12/7/98.

RACONTER

COMMUNIQUER

ORDONNER SES IDÉES

EXPLIQUER

ARGUMENTER

ÉCRIRE UNE LETTRE

Donner des références

> Donner des références, c'est renvoyer son lecteur à un document qui lui permettra de situer, de compléter et de vérifier l'information ou le jugement qu'on lui communique.

▮▮▮ Donner des références dans un texte

☐ Dans un article, un essai, on se réfère souvent à des auteurs, des œuvres, des théories. Il faut alors citer des noms, des titres, des dates et résumer brièvement les idées auxquelles on renvoie. Les parenthèses sont utilisables.

Exemple : Selon Leroi-Gourhan, le langage humain aurait été d'emblée phonique.
(Technique et langage, 1972).

☐ Pour une citation, on peut indiquer, entre tirets ou entre parenthèses, le livre, le chapitre, la page. Les abréviations sont admises. Une convention : les titres, sans guillemets, en italique.

Exemple : Comme R. Barthes le remarquait, « les écrivains sont en vacances, mais leur Muse veille et accouche sans désemparer ».
(Mythologies, l'Ecrivain en vacances, p. 30, Ed. du Seuil, 1957).

☐ Cartes, schémas, encadrés contenant des informations précises constituent aussi des références. Un avantage : la mise en page plus aérée.

☐ Les lettres officielles sont presque toujours référenciées. Dans la réponse, on rappelle obligatoirement la référence : « Comme suite à votre lettre du 18 courant (Réf. : 403 RL/ST)... »

▮▮▮ Donner des références hors du texte

☐ Articles, courts essais. On allège le texte et on distingue nettement son contenu et les références. D'où un système de renvois au bas d'une page ou en fin d'article, un astérisque pour l'auteur de l'article, des numéros (1), (3), etc. pour les précisions complémentaires.

☐ Livres, rapports, thèses. Les références sont regroupées en fin d'ouvrage. Outre la table des matières (chapitres, pages), on peut utiliser :

— un index ou liste alphabétique des notions, des auteurs, des titres, des mots essentiels avec indication des pages de l'ouvrage où il en est question ;

— un lexique des termes jugés difficiles ;

— une bibliographie ;

— une liste des illustrations.

▮▮▮ Les ouvrages de références

☐ Constitués de références, ils sont utilisés pour la précision de leurs informations, leurs classements alphabétiques, la rapidité de compilation. Ce sont les dictionnaires, les encyclopédies, les ouvrages spécialisés dans divers domaines

☐ Les catalogues utilisent des codes précis et livrent le maximum d'informations dans le minimum de mots : caractéristiques techniques d'un objet, série, prix, référence à rappeler pour une commande. Les documents publicitaires s'inspirent du procédé.

LES NOTES ET LES RENVOIS

Astérisque qui
répond à
l'astérisque du texte

(*) Professeur d'histoire.

En caractères
italiques : les titres,
avec une majuscule.
Lorsqu'ils sont
écrits à la main, ces
titres sont soit
soulignés soit entre
guillemets.

Abréviation : *confere*
signifie en latin
comparer

1. *Cf.* Hélène Tremaud, « Les joutes provença-
les » (*Arts et traditions populaires,* 1970, p. 349-
382) ; D.M. Jh. Henry, « Essai sur l'histoire morale
de Toulon et sur les anciens hôpitaux de cette
ville » (*Bull. de l'Académie du Var,* 1855, p. 187) ;
Berenger-Feraud, *Traditions et réminiscences populaires de la Provence,* Paris, 1885, p. 229-236.
2. D.M. Jh. Henry, *op. cit.,* p. 187.
3. Berenger-Feraud, *op. cit.,* p. 236.
4. Berenger-Feraud, *op. cit.,* p. 232.
5. Hélène Tremaud, *op. cit.,* et « Les joutes lan-
guedociennes » (*Arts et traditions populaires,* 1968,
p. 144).

Le lieu de la
publication

Abréviation : *op. cit.*
signifie *opuscule
cité.*

Chaque chiffre
renvoie à un point
du texte.

6. *Relation de ce qui s'est passé à Marseille pendant le séjour que Madame la Duchesse de
Modène y a fait, depuis le mardi 14 mai 1720
qu'elle y est arrivée, jusqu'au mardi 20 qu'elle en
est partie.* A Marseille, Pierre Mesnier, 1720.
7. Jacques Rigaud, dessinateur et graveur né à
Marseille vers 1681 et mort à Paris en 1754. Avant
de s'installer à Paris, il vécut à Marseille jusque
vers 1720, faisant alors deux gravures sur la peste.
Il est aussi l'auteur de six pièces sur la construction de galères dans le port de Marseille et de six
scènes de jeux et de divertissements populaires
dans la région marseillaise, dont celle des joutes.
Ces six dernières gravures ont fait l'objet d'une
série de petits articles de Jules Belleudy, « Le sport
en Provence au temps passé » (*Bulletin du Vieux-
Marseille,* 1932, n° 5 à 10).

Il s'agit du titre d'un
article, il est entre
guillemets.

P. Echinard, « Marseille et les joutes nautiques », *Revue Midi,* n° 4.

Le titre de la revue
est en italique.

L'année de
publication de la
revue.

Le numéro de la
revue.

RACONTER
COMMUNIQUER
ORDONNER SES IDÉES
EXPLIQUER
ARGUMENTER
ÉCRIRE UNE LETTRE

Les arguments

L'argumentation est l'art de justifier une opinion, une thèse que l'on veut faire adopter. On cherche donc à convaincre et à persuader pour mobiliser, susciter une action.

■■■ Quels arguments utiliser ?

Types d'arguments	Exemples d'utilisation La thèse : 50 km/h en ville
Argument d'autorité. On se réfère à une autorité scientifique, politique, morale...	Les politiques, les constructeurs, d'éminents spécialistes sont d'accord.
L'analogie. Comparer deux faits, deux situations : valeur explicative. Donner en exemple.	D'autres pays ont déjà appliqué cette mesure.
Les rapports de cause à effet. Tel phénomène entraîne tel autre phénomène, selon le postulat du déterminisme.	Le ralentissement est bénéfique pour la sécurité.
Les avantages ou les inconvénients. Recherche des effets sur différents plans.	En roulant à 50 km/h, on réduira le nombre d'accidents, les piétons seront tranquilles, on économisera le carburant, etc.
Utilisation de données scientifiques, historiques, numériques. En principe, elles sont irréfutables.	On le sait : avec cette mesure, 20 % d'accidents en moins.
Par analyse et élimination des autres solutions. Valable pour une argumentation longue ou la réponse à de prévisibles objections.	Nocivité des solutions actuelles (anarchiques, laxistes...) : 60 km/h, ce n'est pas suffisant.
Par généralisation. A partir d'un ou deux exemples, on généralise.	Prendre deux exemples descriptifs de réussite dans deux pays différents.
Argument des « paliers ». Les efforts, les sacrifices font parvenir à un « palier », avec les premiers résultats positifs. Et ainsi de suite jusqu'au résultat final.	Ce sera dur et agaçant au début, mais on prendra vite l'habitude de rouler à 50 km/h. Et les résultats seront positifs.
L'accord paroles/actes. Pour rendre sympathique, marquer la loyauté.	Monsieur X..., promoteur de cette loi, aime les grosses cylindrées et pourtant...
L'alternative. C'est A ou B, la bourse ou la vie, la valise ou le cercueil.	C'est cela ou la recrudescence des accidents, du stress, de l'insécurité.
Appel aux valeurs supérieures. Importance du point de vue choisi.	Le respect de la vie humaine doit primer et mérite ce petit sacrifice de 10 km/h.
Prise à témoin. Recherche de l'accord du destinataire.	Connaissez-vous une autre possibilité dans la conjoncture actuelle ?

■■■ Comment mettre les arguments en valeur ?
☐ Les arguments forts doivent occuper la meilleure place, au début ou à la fin.
☐ L'argumentation utilise la fonction conative du langage.
☐ La rhétorique est une véritable « logique des sentiments ». Ses images, ses effets impressionnent, attirent, persuadent le destinataire.

Symbole

Gros caractères : attirer l'attention

Rhétorique de l'antithèse

Gradation ascendante

Terme de liaison

Répétitions

L'efficacité

Gradation ascendante

Traduction anglaise

Implication, prise à témoins

Redéfinition et explication

Rapports de cause à effet + valeurs morales bafouées

Définition, explications

Appel aux valeurs supérieures

Accord paroles-intentions

Appel au sacrifice au nom des valeurs supérieures

Donnée historique irréfutable + alternative sous-entendue + argument du « palier » (1er palier = premières victoires ?)

A TOUS LES FRANÇAIS

La France a perdu une bataille !
Mais la France n'a pas perdu la guerre !

Des gouvernants de rencontre ont pu capituler, cedant à la panique, oubliant l'honneur, livrant le pays à la servitude. Cependant, rien n'est perdu !

Rien n'est perdu, parce que cette guerre est une guerre mondiale. Dans l'univers libre, des forces immenses n'ont pas encore donné. Un jour, ces forces ecraseront l'ennemi. Il faut que la France, ce jour-là, soit presente à la victoire. Alors, elle retrouvera sa liberté et sa grandeur. Tel est mon but, mon seul but !

Voila pourquoi je convie tous les Francais, où qu'ils se trouvent, à s'unir à moi dans l'action, dans le sacrifice et dans l'esperance.

Notre patrie est en peril de mort.
Luttons tous pour la sauver !

VIVE LA FRANCE !

GÉNÉRAL DE GAULLE

QUARTIER-GÉNÉRAL,
4, CARLTON GARDENS,
LONDON, S.W.1

Personnalisation

Adresse

Appel du 18 juin 1940

RACONTER
COMMUNIQUER
ORDONNER SES IDÉES
EXPLIQUER
ARGUMENTER
ÉCRIRE UNE LETTRE

Livrer une opinion

L'opinion ? C'est tantôt un jugement rationnel, issu d'un raison-nement, ou une hypothèse crédible, tantôt un sentiment, une croyance, une réaction peu raisonnés. L'opinion, toujours, a le caractère d'une conviction personnelle et intime, même si, par-fois, un doute subsiste.

Où et quand livrer une opinion ?

□ Où ? Dans tous les écrits qui admettent l'expression de jugements personnels.
□ Quand ? Dans la plupart des cas, l'opinion est exprimée à partir de faits ou d'opi-nions d'autrui que l'on commente.

Domaines d'expression de l'opinion	Règles générales liées aux différents domaines
Articles de presse	Bien distinguer les faits, objectivement relatés, des opinions sur ces faits.
Littérature	On y distingue le récit (faits relatés, dans leur succession ou non) et le dis-cours, « lieu » des opinions (dialogues, jugements de valeur).
Vie professionnelle et sociale	Le rédacteur d'une note de synthèse ou d'un rapport étudie objectivement une situation puis prend parti (opinion) et propose (selon ses opinions).
Vie scolaire et universitaire	Des genres comme la dissertation, le commentaire de texte impliquent l'expression d'opinions.

Comment livrer une opinion ?

La formulation d'une opinion peut être directe (explicite) ou indirecte (implicite).

Démarches de formulation directe	Techniques de présentation
Revendiquer nettement l'opinion	Discours direct. Utiliser le je ou le nous. Utiliser des tournures comme : à mon avis..., j'ai la convic-tion que, je crois... je peux dire...
Reprendre une opinion d'autrui et l'adopter	On peut la citer : Comme l'écrit X, « cette journée de la femme... » On peut la résumer et donner sa référence.
Formuler un jugement sur la thèse d'autrui	Rappeler d'abord la thèse d'autrui. Communiquer son opinion sur cette thèse.

Démarches de formulation indirecte	Techniques de présentation
Utiliser les ressources du style	Présentation frappante, imagée, riche de connotations.
Utiliser l'ironie	Arme de la polémique, elle permet de livrer une opinion en feignant d'adopter l'opinion inverse. *Exemple :* Ah ! qu'il est doux de mourir à la guerre. On aura une décoration posthume et on passera pour un héros !
Éviter de préciser la source de l'opinion	Utiliser le on : on l'admet souvent... on sait que... Utiliser des tournures impersonnelles, avec il : il semble que...

LA FORMULATION

■ **Réponses de journalistes étrangers à une enquête sur les Françaises**

Une suite d'opinions

Tournures impersonnelles

Ironie et humour

Draguer une Française, c'est toujours un long investissement. Même la faire rire, c'est moins facile qu'avec une Italienne ou une Espagnole. Dans une boîte de nuit de Barcelone, on tutoie tout de suite une fille. Avec les Françaises, ça ne se passe jamais simplement. Dans leur tête, c'est toujours Versailles. Ça vous oblige à entrer comme une marionnette dans une mise en scène où tout le monde a son rôle. Elles ont besoin que les hommes leur fassent la cour. La cour, c'est beau mais ça réclame du temps. Je ne sais pas si tout le monde aujourd'hui en a les moyens.

Présentation imagée

Revendique l'opinion

J.P. Quinenero, ABC, Espagne

Revendique l'opinion

A qui appartiennent ces jugements ? Au journaliste ?

Je crois qu'il est plus difficile d'être une femme qu'un homme, mais en France particulièrement. La Française doit faire carrière, être efficace dans le travail, avoir un amant si possible, ne pas vieillir, être bonne cuisinière, être intelligente, un peu intellectuelle mais pas trop sinon on dit qu'elle compense... Tous ces impératifs ne sont écrits nulle part. On a l'impression que c'est elle qui s'oblige à cela. Si elle s'écartait trop de cette image, elle deviendrait ridicule. Il n'y a pas un seul autre pays où la peur du ridicule soit aussi forte qu'en France. Pour une Allemande, une paire de chaussures doit d'abord être confortable. Et s'il pleut, il ne faut pas qu'on se mouille. Ici non. Une Française préférera attraper un rhume plutôt que de mettre des bottes.

Équivaut à un je

Antithèse à l'avantage de la femme allemande

Humour ? Caricature ? Stéréotypes ?

J. Haniman, Frankfurter Allgemeine, Allemagne
Extraits de Cosmopolitan, avril 1990, © Marie-Claire.

RACONTER
COMMUNIQUER
ORDONNER SES IDÉES
EXPLIQUER
ARGUMENTER
ÉCRIRE UNE LETTRE

Rédiger un tract

La vie démocratique connaît des moments chauds (élections, grèves, scandales...) qui impliquent une réaction, un engagement immédiats d'un groupe de citoyens, d'un parti, d'un syndicat, d'une association. Le tract, document écrit très court, qu'on distribue et qu'on affiche, est souvent utilisé dans de telles situations.

Un tract peut-il être objectif ?

☐ Jugé plutôt comme très subjectif, le tract doit pourtant évoquer des faits, utiliser des références, sans quoi son auteur ne paraîtrait pas crédible. Le rappel honnête des faits, la précision des références sont une force. Le mensonge serait vite découvert.
☐ Le tract porte d'autres informations que celles qui l'ont suscité. Il invite par exemple à manifester. Mais où ? quand ? comment ? Des indications pratiques sont nécessaires.

L'auteur d'un tract doit-il s'impliquer ?

Évidemment : c'est normal et honnête. Il faut :
— préciser qui on est, quel groupe s'exprime (les sigles, noms, adresses, etc.) ;
— dire ou suggérer ses critères de jugement (défense de l'emploi, opposition à un abus de pouvoir, morale publique, etc.), préciser ses points de vue.

Comment attirer l'attention du destinataire ?

☐ Un tract doit être très injonctif, conatif disent les linguistes. D'où l'emploi de la deuxième personne (tu, vous), des impératifs, des interrogations dont la réponse, sous-entendue, est toujours « oui, ils ont raison ». Ne jamais oublier que le tract est une invite, une sollicitation directe à s'émouvoir, à participer, à manifester.
☐ Il faut faciliter la saisie du message en permettant au lecteur de le percevoir correctement. Moyens les plus performants : variété des caractères typographiques, ce qui permet de hiérarchiser les informations, mots ou phrases soulignés, encadrés, introduction de dessins, de schémas (*exemple :* carte simplifiée indiquant le lieu ou le parcours d'une manifestation), introduction de la couleur, travail de mise en page.

Faut-il être agressif ?

☐ Le tract, conçu à chaud, est souvent agressif. Ce n'est pas forcément un défaut, sauf si l'auteur se laisse aller à des calomnies, des allusions perfides à la vie privée, des mensonges délibérés.
☐ Le tract est fait pour dénoncer, démasquer, révéler : ce n'est pas un genre tendre !
☐ La véhémence d'un tract, admise comme une loi du genre, se manifeste par l'acuité des sentiments exprimés et toute une rhétorique : métaphores ridiculisant l'adversaire, antithèses des bons et des méchants, hyperboles, exclamations, accumulations et gradations.

Logo et mot-valise :
Medoxygène
(espoir d'air pur)

Gros caractères :
insister sur
le refus catégorique

Sigle connu
(Communauté
Urbaine de Bordeaux)

Implication des
auteurs

Exclamation

Gradations

Accumulations

Appels directs
très injonctifs

Encadré et gros
caractères :
privilégier
la manifestation

But de la
manifestation

MEDOC
X
Y
G
E
N
E

ASSOCIATION LOI 1901

HAMEAU DE BREDERA
33480 AVENSAN
TéL.: 56.58.17.09.
De 18H à 20H

NON A LA DECHARGE

INTERCOMMUNALE DE LA C.U.B.

DANS LE MEDOC !

QUI ENTRAINE :

- 230 Hectares de forêts supprimés !
- Le passage de 200 camions-bennes et 2000 véhicules divers par jour !
- 300.000 Tonnes de déchets par an !
- Pollution de l'air ! Pollution de l'eau !
- Les mouches, les mouettes, sans oublier les rats !
- La dévalorisation des terrains !

IL Y A D'AUTRES SOLUTIONS que d'enfouir massivement les déchets dans la terre.
ARRETONS CE GACHIS !

VOUS HABITEZ LE MEDOC et vous vous sentez *INSULTES* par la C.U.B.

VOUS HABITEZ L'AGGLOMERATION BORDELAISE et vous avez honte d'envoyer

vos déchets " A LA CAMPAGNE "

MANIFESTATION

LE SAMEDI 30 JUIN

PROGRAMME

- REMISE DES PETITIONS AUX MAIRIES
  * 10h00 : SALAUNES
  * 11h00 : CASTELNAU
  * 11h45 : AVENSAN

* 12h30 : VIN D'HONNEUR A SAINT RAPHAEL

* 13h00 : PIQUE NIQUE CHAMPETRE
  chacun porte son panier - POUBELLE ASSUREE

* L'APRES-MIDI : Animations - Jeux - Informations.

Programme et carte :
valeur informative

RACONTER

COMMUNIQUER

ORDONNER SES IDÉES

EXPLIQUER

ARGUMENTER

ÉCRIRE UNE LETTRE

Réfuter

La réfutation est un type de raisonnement qui consiste à attaquer et à détruire la thèse adverse. C'est donc une forme particulière d'argumentation, communément utilisée dans les articles de presse, les essais, la littérature engagée, les tracts mais aussi dans le domaine de la recherche et dans certains écrits professionnels.

Comment réfuter ?

Axes de la réfutation	Différentes techniques
Rétablir la vérité	Dénoncer une analogie abusive Dénoncer une interprétation erronée Dénoncer un contresens scientifique Dénoncer une manipulation de chiffres, de statistiques Repérer une omission
Montrer les failles d'un raisonnement	Refuser une déduction hâtive, abusive Relever une contradiction Dénoncer un postulat contestable
Refuser l'esprit d'autorité	Contester une autorité invoquée Montrer qu'une citation ne remplace pas un raisonnement
Révéler l'idéologie (ensemble d'idées au service d'un pouvoir, d'un groupe...)	Chercher l'idéologie dans les présupposés, les connotations Dénoncer le camouflage des intérêts de classe, de groupe Montrer que des avantages pour les uns sont des inconvénients pour la majorité
Opposer des valeurs supérieures (éthiques, morales, politiques, etc.)	Montrer l'étroitesse, l'insuffisance des valeurs de l'adversaire Leur opposer des valeurs plus altruistes

Comment présenter ses réfutations ?

Faut-il être doux ou mordant ? C'est selon... La polémique scientifique ou technologique est presque toujours courtoise, la polémique politique presque toujours impitoyable.

1. Ménager l'adversaire

On fait quelques concessions, on admet que... On atténue ses critiques par des formules du type : « certes, je comprends ce point de vue, mais je ne puis le justifier. En effet »...

☐ Utiliser la forme du dialogue, au détriment de l'adversaire, conduit à souligner ses erreurs.

☐ S'interdire les attaques personnelles, les insultes.

☐ Critiquer dans un esprit de tolérance et de respect de l'adversaire.

2. Le style de la polémique

La polémique, c'est, au sens étymologique, la guerre. Aussi la réfutation utilise-t-elle souvent l'ironie, les interrogations et les exclamations, les métaphores cruelles.

Rappel de la thèse adverse

Contradiction dans la thèse adverse

Interprétation de la thèse adverse : elle est scandaleusement inhumaine (appel aux valeurs)

Dénonce les « autorités » qui cautionnent

Dénonce l'idéologie en utilisant un vocabulaire précis

Ironie et style indirect libre

Récit : concrétisation

Implication du lecteur : on l'interroge, on l'interpelle

Ils veulent qu'on arrête de faire souffrir les bêtes au nom de la santé humaine, tout en admettant que les expériences sont nécessaires. Cela veut donc bien dire qu'ils réclament, à la place, la souffrance de cobayes humains — y compris pour l'expérimentation des futurs remèdes de la médecine vétérinaire, ah mais ! Car les animaux ne demandent rien, eux. S'il plaît aux hommes de leur concocter des remèdes salutaires, qu'ils les expérimentent d'abord sur eux — donc sur les vieillards qui ne sont plus bons à rien d'autre, plus même à faire du dog-sitting. Cette doctrine effarante, et inhumaine, pénètre peu à peu les esprits (humains ?) du monde moderne. Elle ne se contente pas de distiller sa douce philosophie par Bardot and Co interposés. Comme tous les mouvements totalitaires, elle dispose de ses régiments de bras séculiers... et de ses gros bras activistes. Ses réseaux terroristes sont constamment prêts à l'action. Sur un simple coup de fil, ils débarquent nuitamment dans n'importe quel labo, pour saccager en quelques instants des années de précieuses recherches. Sous prétexte de « libérer » des animaux « injustement torturés », ces commandos terroristes ont l'an dernier (c'est un exemple entre cent) bousillé tous les résultats du professeur Marc Jeannerod, de Lyon, qui mettait au point un test de dépistage précoce des déficiences visuelles du nourrisson. Vaut-il mieux laisser naître sans soin de petits humains aveugles, ou faire souffrir des singes dans un laboratoire ?

F. Gruhier, *Bas les pattes !*, Ed. R. Deforges

RACONTER

COMMUNIQUER

ORDONNER SES IDÉES

EXPLIQUER

ARGUMENTER

ÉCRIRE UNE LETTRE

Utiliser les exemples

> Utiliser un exemple, c'est revenir au concret et faciliter le contact avec le lecteur. D'où l'importance énorme des exemples, dans la presse mais aussi dans les œuvres polémiques et les exercices scolaires.

Les différents types d'exemples

Deux fonctions d'illustration	Deux fonctions d'argumentation
L'exemple comme caractéristique d'un tout. Ainsi, telle église romane symbolise toutes celles d'une région. Rapport idée/exemple : concret/concret. **L'exemple comme concrétisation d'un concept.** Ainsi, quatre exemples concrets de violence illustreront le concept de violence. Rapport idée/exemple : abstrait/concret.	**L'exemple comme partie prenante d'un jugement.** Ainsi, pour montrer que l'art peut « cimenter » un groupe humain, on citera la cathédrale gothique. Rapport jugement/exemple : abstrait/concret. **L'exemple-idée(s).** L'exemple est si riche d'enseignements qu'il double l'argument. Ainsi l'exemple de la fin tragique d'un drogué prouve la nocivité de la drogue. Rapport jugement/exemple : abstrait/concret.

Le même exemple peut assumer plusieurs fonctions. Les fonctions d'illustration se retrouvent plutôt dans les articles de presse et les ouvrages de vulgarisation, les fonctions d'argumentation dans les essais critiques, les rapports, les thèses universitaires.

Où chercher ses exemples ?
☐ Dans sa vie personnelle. Il faut parfois les rendre anonymes, par discrétion.
☐ Dans les différents secteurs de la vie collective : économie, société, vie culturelle, etc. S'entraîner à illustrer une idée ou un argument simples par de tels exemples.
☐ Dans le passé. Ils peuvent ainsi acquérir une valeur de modèle. Le rapprochement du passé et du présent suscite toujours des idées.

Comment relier exemples et idées ?
☐ Par nature, un exemple suit ou précède une ou plusieurs idées. Sans quoi il ne serait qu'un simple fait.
☐ Plusieurs trajets logiques sont possibles.

Trajet 1	Un ou plusieurs exemples suivis d'une brève analyse illustrent une idée ou « servent » un argument.
Trajet 2	Plusieurs exemples s'ajoutent et leur synthèse constitue l'idée.
Trajet 3	Trajet : idée(s) → exemple(s) → idée(s)
Trajet 4	Des exemples en foule, pris dans les domaines les plus variés, conduisent l'auteur ou le lecteur à des conclusions. C'est une technique journalistique utilisable dans les enquêtes.

Exemple ou récit ?
Il faut refuser l'exemple qui se transforme en récit. L'exemple n'est que le rappel assez bref d'un fait chargé de significations, de « leçons », qui doit servir l'idée.

LE TRAJET DE L'EXEMPLE À L'IDÉE

Le texte est bâti sur le principe
= exemple → idée → exemple → idée
D'une certaine façon il utilise aussi
le trajet des exemples en foule.

Un premier exemple, insolite

Il était tout triste, replié sur lui-même, en position de fœtus, si on peut appeler ainsi ce long enroulement de 1,5 mètre. Elle était encore plus triste que lui, très pâle, le regard fixe, serrant contre elle son panier d'osier. Elle venait voir le vétérinaire parce que son python préféré était devenu neurasthénique, restait prostré des heures durant, muait d'une façon complètement anarchique et refusait d'avaler son poussin bimensuel. « Peut-être l'éclairage, a avancé le savant décontenancé, ou l'hygrométrie. » La dame est repartie sans que son python ait daigné lever la tête.

Liaison idée/exemple

Une idée générale, par élargissement, généralisation

Ce type de consultation est devenu aujourd'hui très fréquent. Plus de dix mille pythons, boas et autres serpents exotiques entrent chaque année en France par le biais de six gros importateurs et viennent conquérir HLM et pavillons. Si on ajoute à cela les reptiles de toute sorte, la France n'aura bientôt que peu à envier aux dangereuses forêts d'Asie. Sans oublier les « clandestins »...

Un deuxième exemple

Ainsi la Douane française a « capturé » récemment un python-tigre (3 ans, 2,5 mètres, 20 kilos) qui dormait bien tranquillement sur la banquette arrière d'un véhicule, 3 caïmans noirs, 344 lézards fouetteurs, 81 caméléons, 5 pythons Nolurus bivittatus, etc. La jungle , vous dit-on.

Une idée pour la synthèse

L'autre semaine, à Nantes, ce sont les services vétérinaires de la Ville, aidés par la police, qui ont dû séparer de leur propriétaire 2 najas, 3 pythons, 2 crotales, 2 boigas, 2 serpents gobeurs d'œufs et 1 ancistrodon, ou mocassin d'eau,

Un troisième exemple

Idée connotée : Au fou !

le serpent le plus dangereux, puisque son venin agit à la fois sur les systèmes nerveux et sanguin. Les 2 crotales qui

Humour

s'aimaient beaucoup venaient de faire 26 petits.

F. Rousselle, *Le Point* n° 924, 4 juin 1990.

RACONTER
COMMUNIQUER
ORDONNER SES IDÉES
EXPLIQUER
ARGUMENTER
ÉCRIRE UNE LETTRE

Confronter

Confronter des idées, des textes, des documents, c'est les mettre en présence pour les comparer et analyser leurs ressemblances et leurs différences. Cette opération mentale apparaît dans de nombreux écrits, du rapport professionnel aux articles et aux revues de presse, de la littérature à la note de synthèse.

▬▬▬ Première étape : l'analyse (tableau 1)
☐ Lire, observer attentivement et annoter les textes et les documents à confronter.
☐ Noter les idées clés retenues, dans un premier tableau.
Utiliser des mots et des tournures différents de ceux de l'auteur.

Texte 1	Texte 2	Schéma 3
Idée clé 1. a.	Idée clé 2. a.	Idée clé 3. a.
Idée clé 1. b.	Idée clé 2. b.	Idée clé 3. b.
Idée clé 1. c.	Idée clé 2. c.	

▬▬▬ Deuxième étape : de l'analyse à la confrontation (tableau 2)
Sur le tableau précédent, faire apparaître les ressemblances et les dissemblances en utilisant des stabilos de différentes couleurs.
Reporter ensuite ces idées classées dans un second tableau.

Ressemblances			Différences		
Entre 1. 2. et 3.	Entre 1. et 2.	Entre 2. et 3	Idées clés en 1. seulement	Idées clés en 2. seulement	Idées clés en 3. seulement
....	....	....	....	....	....
....	....	....	....	....	....

▬▬▬ Troisième étape : de la confrontation à un plan de rédaction
A partir du second tableau, plusieurs plans de rédaction sont possibles.
1. Tableaux définitifs
☐ Le tableau 2 peut suffire. Rédiger de courtes phrases, visualiser les corrélations.
☐ Le tableau 2 enrichi. On classe ressemblances et dissemblances par catégories.
2. Plans neutres
Les données du tableau 2 sont reprises dans un plan.
3. Plans orientés à interprétations

Pour exposer un problème	Pour rédiger un rapport technique	Pour écrire un article de presse
Description d'un fait à travers plusieurs documents	Avantages des hypothèses 1 et 2	Description de deux faits
Étude des conséquences	Inconvénients de l'hypothèse 3	Différences
Solutions	Conclusion en faveur de 3	Parentés
		Solution proposée

■ Exercice : ressemblances et différences

Sous forme de tableau, confrontez ces deux poèmes, en classant par catégories (première colonne) les ressemblances et les différences.

	Éléments communs	Éléments différents	
		Fantaisie	*La Vie antérieure*
Thèmes essentiels	....	....	....
Paysages et atmosphère évoqués	....	....	....
Personnages évoqués	....	....	....
Style	....	....	....
Versification	....	....	....

FANTAISIE

Il est un air pour qui je donnerais
Tout Rossini, tout Mozart et tout Weber,
Un air très vieux, languissant et funèbre,
Qui pour moi seul a des charmes secrets.

Or, chaque fois que je viens à l'entendre,
De deux cents ans mon âme rajeunit : —
C'est sous Louis treize ; et je crois voir s'étendre
Un coteau vert, que le couchant jaunit.

Puis un château de brique à coins de pierre,
Aux vitraux teints de rougeâtres couleurs,
Ceint de grands parcs, avec une rivière
Baignant ses pieds, qui coule entre des fleurs.

Puis une dame, à sa haute fenêtre,
Blonde aux yeux noirs, en ses habits anciens,
Que, dans une autre existence peut-être,
J'ai déjà vue... — et dont je me souviens !

G. de Nerval

LA VIE ANTÉRIEURE

J'ai longtemps habité sous de vastes portiques
Que les soleils marins teignaient de mille feux
Et que leurs grands piliers, droits et majestueux,
Rendaient pareils, le soir, aux grottes basaltiques.

Les houles, en roulant les images des cieux,
Mêlaient d'une façon solennelle et mystique
Les tout-puissants accords de leur riche musique
Aux couleurs du couchant reflété par mes yeux.

C'est là que j'ai vécu dans les voluptés calmes,
Au milieu de l'azur, des vagues, des splendeurs
Et des esclaves nus, tout imprégnés d'odeurs,

Qui me rafraîchissaient le front avec des palmes,
Et dont l'unique soin était d'approfondir
Le secret douloureux qui me faisait languir.

Baudelaire, *Les Fleurs du Mal*

RACONTER

COMMUNIQUER

ORDONNER SES IDÉES

EXPLIQUER

ARGUMENTER

ÉCRIRE UNE LETTRE

Dépasser les contradictions

La vie est faite de contradictions : les phénomènes naturels, les événements, la vie humaine se succèdent à travers un jeu d'oppositions. Une décision, un choix s'effectuent souvent à partir de deux hypothèses, de deux avis opposés qu'il faut dépasser.

Les quatre lois de la contradiction

Lois de la contradiction	Analyse de ces lois	Exemples
1. Loi des changements incessants	Tout se transforme sans arrêt.	Succession des ères géologiques. Lois de l'évolution, de l'amibe à l'homme.
2. Loi des influences réciproques	Les différents éléments du réel sont en interrelations.	Tel climat et tel sol permettent le développement d'une forêt qui va modifier le climat.
3. Loi des contradictions internes	Le même élément : il est lui-même et... son contraire.	Dans l'inconscient, l'instinct de vie et l'instinct de mort cohabitent.
4. Loi du changement qualitatif	Les transformations quantitatives d'un phénomène aboutissent à un changement qualitatif.	Un commerçant, qui s'endette de plus en plus, devient un jour salarié.

Comment utiliser et dépasser les contradictions ?

☐ Schéma binaire

Il est du type : $\boxed{T + A + \text{conclusion}}$. On présente une thèse, la thèse opposée (ou antithèse) et, après analyse, on conclut, on choisit l'une ou l'autre.

☐ Schéma ternaire

3 types	Thèse initiale	Concessions à la thèse adverse	Thèse initiale modifiée
	Thèse adverse	Réfutation de cette thèse	Antithèse
	Thèse adverse	Antithèse	Synthèse

Exemple : Faut-il condamner le football ?

Différents plans	Thèse : arguments favorables	Antithèse : arguments défavorables	Synthèse : solutions
Économique	Création d'emplois de haut niveau.	Certains joueurs sont trop payés, d'autres pas assez.	Il faudrait moraliser le marché aux joueurs.
Social	Un sport qui contribue à la bonne santé du pays. Un phénomène sympathique.	Quelques-uns jouent, les autres vocifèrent.	Phénomènes liés à la misère économique et sociale.
Éthique	Le football développe des qualités morales.	Déchaînement des instincts du public.	Concevoir des stades différents. Éduquer.

On constate que les lois 1. et 3. transparaissent dans les oppositions thèse/antithèse. La synthèse prend appui sur les lois 1, 2, 4.

LE JEU DES CONTRADICTIONS

1. Rappel ironique de la thèse adverse

On voit des auteurs qui font de très beaux livres pour nous dire qu'il faut se méfier des livres, les jeter au feu et préférer la vivante Vie, la Vie mangée crue sans sel et sans poivre, aux illusions pâlies et moroses de la littérature. Whitman, Nietzsche, Gide, D.H. Lawrence se sont assis·à une table pour nous dire qu'il était très malsain de rester assis à une table, et ils ont fait imprimer d'éloquentes déclamations contre les hommes qui se nourrissent d'imprimés au lieu de se nourrir de chair fraîche. Les gens dont le plaisir et le métier est de faire de la littérature nous expliquent parfois, très gravement, qu'il y a une chose dont ils ont horreur par-dessus tout, c'est la littérature. Le papier souffre tout, et notamment qu'on dise du mal du papier. Mais il y a quelque chose *(Annonce l'antithèse)*

2. Antithèse

d'un peu comique dans ces écrits qui prétendent nous dégoûter des écrits, comme dans les systèmes savamment abstraits qui veulent nous démontrer que toute abstraction est mensongère. Pourtant on n'a pas envie de sourire *(Restriction à l'antithèse)*

3. Dépassement de la thèse adverse et de l'antithèse

quand Pascal oppose aux artifices de.la rhétorique ce qu'il nomme « le style naturel : on est tout étonné et ravi, car on s'attendait de voir un auteur, et on trouve un homme ». La culture n'est véritable que lorsqu'elle permet de « trouver un homme », que lorsqu'elle est un des moyens d'établir la communication. Certains voudraient *(Passage à une seconde thèse)*

1. Rappel d'une seconde thèse adverse

que celle-ci ne puisse s'établir qu'avec ceux qui sont les habitants d'un même temps. Ils affirment volontiers leur ennui des classiques, leur dédain des précurseurs, et leur ignorance des émules. Ils se veulent intacts, vierges, toujours à eux-mêmes naissant, préservés d'influences, originels, originaux. Ils entretiennent jalousement en eux le culte attentif de la table rase. Ils ne veulent rien devoir à personne. Comme les frileux ont peur

2. La seconde antithèse perce !

des courants d'air, ils craignent les courants d'esprit, les précédents ou les parallèles. Ils vivent dans l'appréhension d'une contagion qui menacerait leur personnalité, d'une irruption d'autrui qui les contaminerait. Ceux-là ne relisent pas. Ils ne lisent pas non plus. Ils ne consentent à se servir de la table de multiplication que s'ils l'ont d'abord inventée. C'est une étrange folie . Le commerce *(On passe nettement à l'antithèse)*

3. Seconde antithèse

suivi de quelques vivants que je crois proches du génie (et probablement plus que proches) me persuade que cette culture de l'ignorance est une niaiserie. Il n'est pas nécessaire d'ignorer pour entreprendre, ni de méconnaître les autres pour persévérer dans son être. C'est probablement même tout le contraire.

C. Roy, *Défense de la littérature*, 1968, Ed. Gallimard

| RACONTER |
| COMMUNIQUER |
| ORDONNER SES IDÉES |
| EXPLIQUER |
| **ARGUMENTER** |
| ÉCRIRE UNE LETTRE |

Rapporter

Comment rendre compte objectivement d'un événement, d'un dialogue, d'une opinion ? Il est difficile de se transformer en appareil enregistreur. Pourtant, un article d'information, un procès-verbal de réunion, une note technique et même le portrait d'un personnage exigent un maximum d'impartialité.

■ Pourquoi l'impartialité est-elle difficile ?

☐ Les sens, qui permettent de percevoir un objet, une scène, sont trompeurs.
Exemple : la notion de chaleur est très subjective.
☐ Les préjugés et les rumeurs influencent l'homme à son insu.
Exemple : un esclave méprisé a toujours... tort !
☐ L'idéologie, ensemble d'idées adoptées par la société à laquelle on appartient (croyances, modèles de comportement, idées sur l'homme et l'univers), nuit insidieusement à l'objectivité : on croit décrire impartialement une situation alors qu'on la définit inconsciemment du point de vue du groupe social ou politique qui détient le pouvoir. *Exemple :* dans un article économique, un journaliste présupposera l'excellence du système socio-économique de son pays.

■ Quelles règles suivre pour rapporter objectivement ?

	Justifications	Exemples
Adopter un point de vue	On ne peut tout dire : mieux vaut choisir un angle de vision	On peut parler de la forêt en sylviculteur, en paysagiste, en économiste
Se poser les questions indispensables	De quoi s'agit-il ? Quels sont les acteurs ? Que font-ils ? Que disent-ils d'important ?	Un modèle précieux : le procès-verbal d'accident
Situer l'événement	Où et quand s'est-il passé ? Dans quelles circonstances ?	Un modèle : le fait divers dans la presse
Citer quelqu'un	Ne pas tronquer ses phrases. Citer ce qui correspond à ses conceptions.	Sans ces précautions, on peut faire dire à quelqu'un ce qu'il n'a jamais pensé
Éliminer toute appréciation personnelle	Un texte impartial doit renvoyer à la seule fonction référentielle (ensemble des informations objectives).	Comparez : • Quelques jeunes gens munis de bâtons ont cassé la vitrine... • Une poignée de jeunes dévoyés armés de bâtons ont sauvagement brisé la vitrine...

■ L'objectivité implique-t-elle un style ?

Certainement pas, puisque le style c'est l'expressivité et l'originalité, la marque personnelle d'un auteur, donc la subjectivité. Au contraire, on doit :
— éviter les mots à fortes connotations et utiliser des termes neutres et précis ;
— employer éventuellement un vocabulaire spécialisé (notes et rapports, articles scientifiques, etc.) ;
— construire des phrases conformes à la norme du français usuel (ordre : sujet + verbe + attribut ou complément).

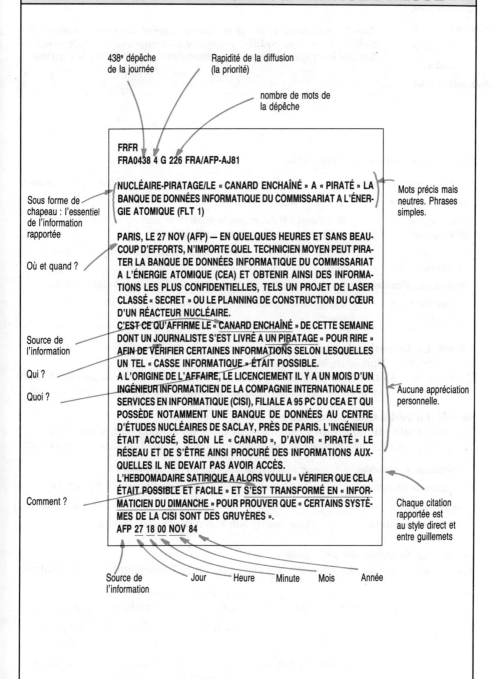

438e dépêche de la journée

Rapidité de la diffusion (la priorité)

nombre de mots de la dépêche

FRFR
FRA0438 4 G 226 FRA/AFP-AJ81

Sous forme de chapeau : l'essentiel de l'information rapportée

Où et quand ?

NUCLÉAIRE-PIRATAGE/LE « CANARD ENCHAÎNÉ » A « PIRATÉ » LA BANQUE DE DONNÉES INFORMATIQUE DU COMMISSARIAT A L'ÉNERGIE ATOMIQUE (FLT 1)

Mots précis mais neutres. Phrases simples.

PARIS, LE 27 NOV (AFP) — EN QUELQUES HEURES ET SANS BEAUCOUP D'EFFORTS, N'IMPORTE QUEL TECHNICIEN MOYEN PEUT PIRATER LA BANQUE DE DONNÉES INFORMATIQUE DU COMMISSARIAT A L'ÉNERGIE ATOMIQUE (CEA) ET OBTENIR AINSI DES INFORMATIONS LES PLUS CONFIDENTIELLES, TELS UN PROJET DE LASER CLASSÉ « SECRET » OU LE PLANNING DE CONSTRUCTION DU CŒUR D'UN RÉACTEUR NUCLÉAIRE.

Source de l'information

Qui ?

Quoi ?

C'EST CE QU'AFFIRME LE « CANARD ENCHAÎNÉ » DE CETTE SEMAINE DONT UN JOURNALISTE S'EST LIVRÉ A UN PIRATAGE « POUR RIRE » AFIN DE VÉRIFIER CERTAINES INFORMATIONS SELON LESQUELLES UN TEL « CASSE INFORMATIQUE » ÉTAIT POSSIBLE.
A L'ORIGINE DE L'AFFAIRE, LE LICENCIEMENT IL Y A UN MOIS D'UN INGÉNIEUR INFORMATICIEN DE LA COMPAGNIE INTERNATIONALE DE SERVICES EN INFORMATIQUE (CISI), FILIALE A 95 PC DU CEA ET QUI POSSÈDE NOTAMMENT UNE BANQUE DE DONNÉES AU CENTRE D'ÉTUDES NUCLÉAIRES DE SACLAY, PRÈS DE PARIS. L'INGÉNIEUR ÉTAIT ACCUSÉ, SELON LE « CANARD », D'AVOIR « PIRATÉ » LE RÉSEAU ET DE S'ÊTRE AINSI PROCURÉ DES INFORMATIONS AUXQUELLES IL NE DEVAIT PAS AVOIR ACCÈS.

Aucune appréciation personnelle.

Comment ?

L'HEBDOMADAIRE SATIRIQUE A ALORS VOULU « VÉRIFIER QUE CELA ÉTAIT POSSIBLE ET FACILE » ET S'EST TRANSFORMÉ EN « INFORMATICIEN DU DIMANCHE » POUR PROUVER QUE « CERTAINS SYSTÈMES DE LA CISI SONT DES GRUYÈRES ».
AFP 27 18 00 NOV 84

Chaque citation rapportée est au style direct et entre guillemets

Source de l'information

Jour

Heure

Minute

Mois

Année

RACONTER
COMMUNIQUER
ORDONNER SES IDÉES
EXPLIQUER
ARGUMENTER
ÉCRIRE UNE LETTRE

La lettre officielle

Dans les relations professionnelles et administratives, la lettre officielle, genre très codifié, conserve son importance. Elle obéit à des règles rigoureuses de présentation et même de rédaction.

Les règles de disposition

Éléments codifiés	Règles à observer	Place des éléments
Format et papier	21 × 29,7, papier blanc non réglé	
Coordonnées de l'expéditeur	Mentionner : *Monsieur, Madame*, suivis du nom et du prénom, adresse, code postal, téléphone	En haut, à gauche
Coordonnées du destinataire	Mentionner : *Monsieur, Madame*, suivis du nom et du prénom, de la fonction et de l'adresse	En haut, à droite
Date et lieu d'émission	Écrire par exemple : *Grenoble*, le 08/09/94	En haut, à droite
Autres mentions de l'en-tête	L'objet, la référence, le nom du responsable du dossier	En haut, à gauche

La formule d'appel
☐ Cas général : Monsieur, Madame.
☐ Autres cas : Monsieur le Directeur, Maître ou Cher Maître (avocat, notaire), Monsieur le Maire, Docteur ou Madame, Monsieur, Mon Général, Mon Père (clergé)...

La rédaction de la lettre
☐ Bannir toute effusion, dire l'essentiel directement, simplement, clairement.
☐ Au début, utiliser une formule de politesse adaptée à la situation de communication.

Demandes, commandes	Je vous prie de... Je vous prie de bien vouloir...
Accusés de réception	J'ai bien reçu... Comme suite à votre lettre du... (Réf. 136 LC)
Réclamations, refus	J'ai le regret de vous signaler que... Je me permets de vous signaler...
Informations, envois	Vous voudrez bien trouver ci-joint... J'ai l'honneur de...

La formule de politesse
Elle varie en fonction des rapports hiérarchiques entre l'expéditeur et le destinataire.

PRÉSENTATION À LA FRANÇAISE

SOCIÉTÉ INDUSTRIELLE
AUTOMOBILE DU NORD   Monsieur BAUDRY Pierre
Concessionnaire Citroën   18, rue de Paris
46, Avenue du Septentrion   59302 LOMME
BP 20 - 59000 LILLE
Tél. : 03 20 06 42 72

                                              Lille, le 03/05/2000

Respect des règles codifiées
de disposition

Formule
d'appel
neutre   Le texte   La marge
Formule   précis et
de politesse   courtois   = 2 cm
du début
             Monsieur,

        Nous vous adressons, sous ce pli, un exemplaire
dûment contresigné par nous-mêmes de la commande dont vous avez
bien voulu nous honorer.

        En confirmant ainsi nos engagements réciproques,
nous vous renouvelons, avec nos remerciements, l'assurance de
nos meilleurs soins pour l'exécution de votre ordre.

        Il est entendu par ailleurs, que dans l'éventualité
de la reprise en compte de votre ancien véhicule, celui-ci lors
de sa livraison ne fera l'objet d'aucun gage pouvant en
contrarier la réalisation.

        Nous vous prions d'agréer, Monsieur, l'expression de
nos salutations distinguées.

La marge
= 2 cm
                                              Le Chef des Ventes,

Présentation   Formule de
à la française :   politesse
les paragraphes   d'égal à égal
commencent en retrait

RACONTER

COMMUNIQUER

ORDONNER SES IDÉES

EXPLIQUER

ARGUMENTER

ÉCRIRE UNE LETTRE

La lettre pour vendre

Pour une entreprise soumise aux lois du marché, il est intéressant de solliciter directement, à leur domicile, les clients potentiels. La lettre pour vendre répond à cet objectif. Souvent, elle s'envoie dans le cadre d'un mailing (lettres et documents) ou d'une campagne publicitaire.

▬▬ Comment persuader le client ?

La lettre pour vendre doit répondre aux mobiles de l'être humain, c'est-à-dire aux forces psychiques qui lui font désirer tel ou tel objet.

Mobiles rationnels	Moyens utilisés
• Souci d'information	Donner des informations sérieuses. Inviter à un essai.
• Économiser	Offrir des réductions, des prix promotionnels, des petits cadeaux, un crédit attrayant. Bien marquer le bénéfice réalisé.
• Gagner du temps	Le client ne se déplace pas. L'objet lui fera gagner du temps.
• Recherche de l'utilité	Montrer l'utilité de l'objet dans la vie quotidienne.
• Souci du bon fonctionnement	Donner les garanties technologiques, les témoignages d'usagers.
• Besoin du service après-vente	Donner avec précision les garanties, les conditions, les adresses.

Mobiles irrationnels	Moyens utilisés
• Retour à la nature, au passé	Mobiles utilisables pour vendre des vins, des produits alimentaires, des infusions... des maisons...
• Besoin de certitude	Utiliser un ton péremptoire : « Il est évident que... »
• Besoin de puissance	Le client a tous les droits : on est à sa disposition.
• Besoin d'être guidé	Rejoint le souci d'information.
• Besoin de s'identifier	Montrer que telle vedette, tel écrivain, telle star sont satisfaits du produit : il faut donc les imiter.
• Sexualité	Mise en scène du produit, associé par exemple à de jolies filles.
• Désir de jouer	Organiser des tirages à l'occasion d'un anniversaire, des jeux.
• Évasion	Pour les loisirs, les voyages.

▬▬ Personnaliser et impliquer

Pour nouer le dialogue, il faut :
— personnaliser la lettre (nom et prénom, photo du vendeur), adopter le ton de la confidence et de la connivence ;
— impliquer le lecteur en le nommant (Cher Monsieur Lavenceau), en le sollicitant directement par le vocatif et l'impératif.

MODÈLE DE LETTRE

Personnaliser

Sylvie Cassagne - Rue des Voiliers - 17551 La Rochelle

DES COULEURS À FAIRE RÊVER L'ÉTÉ

Sylvie Cassagne

Utilisation de repères typographiques

Chère amie.

L'été est là, avec tous ses bienfaits : été lumière, été douceur, été couleurs... Pour un été encore plus gai, profitez d'une offre exceptionnelle, 19 coordonnés de linge de table aux couleurs lumineuses et aux matières douces. Vous ne les paierez que 100 F chacun et découvrirez de nombreux autres avantages jusqu'au 30 juillet.

Produit associé aux charmes de l'été

Mobile : économiser

Impliquer le lecteur

VOTRE 1er AVANTAGE DE L'ÉTÉ :
19 COORDONNÉS DE LINGE DE TABLE POUR
100 F CHACUN

Il y a 3 intertitres

Oui, pour vivre l'été tout en couleurs, profitez d'une offre très avantageuse : 19 coordonnés 100 F chacun.
Regardez vite le dépliant vignettes joint et découvrirez une large sélection d'articles coordonnés choisis pour votre confort et baignés de couleurs à faire chanter l'été.
Par exemple :
Si vous choisissez l'ensemble « FLEURS D'ÉTÉ », une note d'exotisme dans votre salle de bains, vous le paierez 100 F au lieu de 158 F, soit une économie de 58 F. Si vous préférez rendre votre cuisine plus gaie en choisissant l'ensemble « PRAIRIES » très complet et si pratique, vous réaliserez une économie de 103 F en le payant 100 F au lieu de 203 F, soit plus de 50 % de réduction.

La visualisation de l'économie possible

Mobiles : utilité, économie

VOTRE 2e AVANTAGE DE L'ÉTÉ : GAGNEZ UN
SUPER CADEAU AU JEU DES « MOTS MAGIQUES »

Voici un jeu facile, amusant et gratuit pour un été détente et qui peut faire de vous l'heureuse gagnante d'un super cadeau ! En effet, tout dépend du nombre de mots magiques que vous ferez apparaître.

Mobile du jeu

Effets d'accumulations

VOTRE 3e AVANTAGE DE L'ÉTÉ : VOTRE ENVELOPPE
RÉPONSE DÉJÀ AFFRANCHIE

Elle est là... toute prête, vous n'avez plus qu'à y glisser votre commande, et à la poster avant le 30 juillet. Comme c'est agréable de n'avoir aucun timbre à chercher !
Un petit conseil : ne tardez pas, et surtout profitez de tous vos avantages de l'été !
— 19 coordonnés à 100 F chacun.
— Un super cadeau au Jeu des Mots Magiques.
— Une enveloppe réponse déjà affranchie.

Mobiles : gain de temps et paresse

Récapitulation des avantages

Bonnes vacances   Amicalement
Sylvie Cassagne

Ton de l'amitié

RACONTER

COMMUNIQUER

ORDONNER SES IDÉES

EXPLIQUER

ARGUMENTER

ÉCRIRE UNE LETTRE

La lettre amicale

Écrire à des amis ou à des parents ne doit pas être une corvée. C'est en effet l'occasion de s'exprimer avec sincérité et dans la plus grande liberté. Qu'on demande des nouvelles ou qu'on en donne, on y révèle sa personnalité, loin des lieux communs et des stéréotypes.

Un genre peu codifié

La lettre amicale obéit à un minimum de règles codifiées.
☐ Elle est manuscrite, sur papier libre, éventuellement en couleur.
☐ Elle est localisée, datée (en haut, à droite) et signée.
☐ Elle utilise des formules d'appel et de politesse.

Formules d'appel	Chers parents, Ma chère maman, Mon petit Christophe, Chère amie, Mon vieux copain, etc.
Formules de politesse	Mon meilleur souvenir, Bien cordialement, Sincèrement vôtre, Amicalement, Très amicalement, Avec mes sentiments les plus affectueux...

☐ Elle doit aussi respecter cette anti-règle : fuir la froideur, le verbiage et les clichés qui sentent le devoir imposé, la paresse ou l'hypocrisie.

Un espace de liberté

☐ Les informations. S'intéresser à son correspondant, lui demander des nouvelles, évoquer ses occupations, ses problèmes avant de parler de soi.
☐ Les opinions et les sentiments. Leur expression, qui représente la fonction expressive de la communication (page 136), est vivement recommandée.
☐ Poésie, fantaisie, humour sont les bienvenus. Ils créent toujours la connivence.
☐ Un registre familier. La syntaxe peut être très libre et, parfois, peut rejoindre le code oral, surtout si l'on rapporte des paroles, si l'on évoque une scène cocasse. Les écarts de style, la variété du vocabulaire sont tout à fait admis.
☐ Éviter toutefois le style relâché ou débraillé, l'abus de l'argot, orthographier et ponctuer avec le plus grand soin, découper la lettre en paragraphes bien construits.

La carte postale

Très pratique, d'un usage très répandu, elle est rapidement rédigée. Elle donne aux parents et aux amis le petit signe de vie et de santé qu'ils attendent et leur prouve qu'ils ne sont pas oubliés.
☐ Le choix de la carte connote son expéditeur : beau paysage, sujet insolite...
☐ Peu d'espace pour s'exprimer : on ne livre que deux ou trois impressions ou sentiments. A la limite, on réduit la carte postale à un flash descriptif ou réflexif et à une formule finale.
Exemple : Meilleur souvenir de Nice que nous redécouvrons avec délices. Tiens, ça rime ! Avec les grosses bises de Lucky et Christine...

EXERCICES

1 Formules d'appel et de politesse

Compte tenu du ton de cette lettre, quelles formules d'appel et de politesse choisiriez-vous ?

> Formule d'appel :
>
> ....

Je vous écris pour vous dire que nous sommes au Maroc depuis deux jours. Comme vous le savez, nous avons pris le bateau pour Ceuta à Algésiras. Traversée sans problèmes puis le car jusqu'à Fès : mechtas très pauvres, scènes de battage, grandes exploitations céréalières, beaucoup d'eucalyptus. Repas à Sidi-Karem, ville bien triste. Et, le soir, nous étions à Fès.

La visite de Fès ? Épatant. Surtout les soukhs avec leurs ruelles tortueuses, les couleurs et les odeurs. Quand un ânier dévale, au triple galop, il crie : « Balek ! Balek ! » et il faut se garer vite fait. Les soukhs, c'est le Moyen Âge ! Souvent, un ruisseau coule au milieu de la rue, les artisans travaillent sur des surfaces minimes, de jeunes enfants portent des colis sur la tête, des mendiants vous demandent un dirham. Il y a un quartier par corporation. Pour supporter les odeurs du quartier des tanneries, on nous a distribué une tige de menthe. Quel spectacle mais quel travail inhumain ! Et ces peaux qui sèchent sur les terrasses, ce tannage au sel et à la crotte de pigeon...

Philippe adore marchander et il a déjà acheté plusieurs plateaux de cuivre, des babouches et un tas de... saloperies. Vous verrez ça. Et au retour, on se fera un sacré couscous ou une herira si vous n'avez pas trop faim : c'est la soupe qui sert de dîner les soirs de Ramadan. On m'a donné la recette complète.

Et vous, mes chers amis ? Ce séjour aux Houches ? La montagne est belle ? Vous avez beau temps ? Et vous crapahutez un peu ?

Au retour, on se fera une soirée diapos. On n'arrête pas de mitrailler tellement c'est coloré et inattendu.

> Formule de politesse :
>
> ....
> ....
> ....
> ....
> ....

2 Contenu

Observez le contenu de la lettre, citée à l'exercice précédent.
1. Quelles informations pourraient être supprimées ? Pourquoi ?
2. Dans cette lettre, quels sont les passages les plus réussis ? Pourquoi ?
3. Quels sont les passages les moins réussis ? Pourquoi ?

RACONTER

COMMUNIQUER

ORDONNER SES IDÉES

EXPLIQUER

ARGUMENTER

ÉCRIRE UNE LETTRE

La lettre de félicitations

> Les occasions d'envoyer une lettre ou une carte de félicitations ne manquent pas : naissance, baptême, première communion, succès scolaire, fiançailles, mariage, promotion sociale ou professionnelle. Il faut respecter certains usages, mais aussi exprimer avec franchise ses sentiments : intérêt suscité, sympathie, amitié.

Quels usages faut-il respecter dans une lettre de félicitations ?

	Pour les amis	Pour les collègues	Pour un subordonné	Pour un supérieur hiérarchique
Formules d'appel	Mon cher Patrick Chers amis...	Chère Madame Cher Monsieur Mon cher collègue	Cher Monsieur Monsieur Madame	Monsieur ou Madame + le titre
Formules de politesse	Toutes nos amitiés... Grosses bises... Je vous souhaite tout le bonheur possible	Recevez mes chaleureuses félicitations... Bravo pour cette flatteuse promotion	Recevez mes plus vives félicitations	Veuillez accepter, avec mes compliments, l'expression de mes sentiments dévoués

☐ Le papier blanc de format 21 × 29,7 convient pour un supérieur, un subordonné, certains collègues. Pour les relations plus proches, utiliser le papier de couleur.
☐ Dans tous les cas, la lettre doit être manuscrite, datée et signée.

Que dire dans la lettre de félicitations ?

Dans un ton et un ordre qui appartiennent au rédacteur de la lettre et qui dépendent de la nature des relations avec le destinataire, il faut toujours insister sur deux points :
☐ Faire allusion à l'événement. On peut en rappeler quelques circonstances, insister sur les qualités et la joie du destinataire, s'associer à cette joie.
Exemple : Bravo, Vincent, pour ce superbe résultat. Ta ténacité et ton sens de l'organisation sont payants !
☐ Exprimer nettement ses félicitations et ses vœux. S'il s'agit d'un supérieur, d'un collègue un peu distant, on peut s'en tenir à la formule de politesse. Avec les amis, il faut exprimer plus longuement et plus librement ses sentiments.

Félicitations sur carte de visite

☐ Le procédé est très pratique. On peut :
— soit utiliser la troisième personne : Michel AUBANEL, ravi d'apprendre...
— soit rédiger une ou deux phrases à la première personne.
☐ La signature est inutile.

MESSAGES DE FÉLICITATIONS

■ Lettre de félicitations pour une naissance

Formule d'appel amicale →

Félicitations exprimées →

Bien chers amis,

Séverine a donc un petit frère ! Jérôme doit déjà être l'objet de beaucoup de sollicitude et d'amour. Fille et garçon, l'idéal n'est-ce pas ? Et trois ans d'intervalle, c'est vraiment bien.

Nous comptons venir à Brest bientôt. Nous vous donnerons un coup de fil : il nous tarde tant de voir cette nouvelle frimousse ! En attendant le bonheur de vous retrouver, nous vous envoyons nos vives félicitations.

Amitiés et grosses bises à tous... les quatre.

← Ton enjoué, liberté, amitié

← Formule de politesse familière

■ Félicitations sur carte de visite

A la 3e personne →

Jean-Luc Alibert

vient d'apprendre la bonne nouvelle de votre pro-motion au poste de Directeur des ventes. Il vous adresse, avec ses félicitations, l'expression de ses sentiments respectueux et dévoués. ←

← Pour un supérieur hiérarchique

■ Félicitations par télégramme

Gentillesse et humour →

```
B R A V O   A   N O S   H E U R E U X
M A R I E S   R E T E N U E   P A R
B O U L O T   N E   P E U X
V E N I R   S O U H A I T E
S O L E I L   J O I E   R I R E S
P O U R   F E S T I V I T E S
B O N H E U R   P O U R   T O U T E
L A   V I E   A F F E C T U E U X
B A I S E R S   S A N D R I N E
```

← Ton très amical

RACONTER

COMMUNIQUER

ORDONNER SES IDÉES

EXPLIQUER

ARGUMENTER

ÉCRIRE UNE LETTRE

La lettre de condoléances

« **Tous les morts sont des braves types** » chantait ironiquement Brassens. Certes, lors d'un décès, les déclarations hypocrites ne sont pas rares. Dans ce cas, le silence serait plus honnête. Mais, quand on perd un être cher, pourquoi s'abstenir ? Les parents, les amis ont besoin d'un témoignage de solidarité et d'affection.

Que dire dans une lettre de condoléances ?

☐ L'expression personnelle des sentiments passe presque obligatoirement par :
— l'évocation du défunt (ses sentiments, ses qualités, les liens qui le rendaient proche) ;
— les réactions qu'inspire sa mort, différentes selon les conceptions métaphysiques de chacun (croyant, athée...) ;
— la solidarité dans le chagrin et les consolations.

Quelles formules de politesse ?

Relations distantes	Je vous prie de recevoir mes salutations respectueusement attristées. Recevez, Cher Monsieur, avec nos sincères condoléances, l'assurance de notre sympathie.
Relations intimes	Croyez, Chère Madame, à l'expression de nos sentiments de profonde amitié. Je vous redis, au nom de toute la famille, mes chers amis, notre fidèle et profonde amitié.

Quel style et quelle présentation adopter ?

☐ Bannir les lieux communs sur la mort et le lyrisme facile.
☐ S'efforcer d'être direct, de penser longuement les mots de la douleur et du réconfort. Ne dire que ce que l'on ressent profondément.
☐ La lettre sera rédigée à la main sur papier libre, datée et signée.

Comment rédiger une carte de visite

Quand il s'agit de relations un peu lointaines, il serait difficile, dans une lettre, d'échapper aux généralités et à l'hypocrisie. Mieux vaut utiliser une carte de visite.

Monsieur et Madame Laizet

vous expriment leur sympathie dans le deuil qui vous frappe et qui les a si tristement surpris.

Monsieur et Madame Vigier

ont appris avec une grande tristesse le décès de votre père.
Ils vous adressent leurs condoléances et tous leurs vœux de courage.

Bernard Boyer

s'unit fraternellement à vous dans le malheur. Avec ses condoléances émues, il vous adresse ses sincères amitiés.

Madame Édith Grenier

J'ai été très affectée par la mort de votre papa. Puisse mon amitié vous aider dans ce moment difficile.

Formule intime

Mes bien chers amis,

Réaction
devant la mort

Comment vous dire quelle peine nous avons ressentie en apprenant le décès de votre maman ? Nous nous y attendions vu son état si grave mais, vous le savez, la raison s'éloigne et l'espoir est toujours plus fort quand on sait qu'une amie fidèle doit vous quitter.

Solidarité
dans le chagrin

Évocation
de la défunte

Que de connivences pendant notre jeunesse puis, après son mariage avec votre papa, lui aussi tôt disparu, pendant les vacances partagées en Auvergne ! Quel amour de la vie et quel réconfort elle nous a apportés, à Jean et à moi, quand nous avons perdu notre petite Viviane ! Elle a réussi à nous sauver du désespoir, tant sa foi était simple et communicative.

Accents de vérité

Excuses
circonstanciées

Vous savez qu'il nous est impossible de nous rendre aux obsèques : la tante Marie est impotente et Jean est en déplacement. Je lui ai annoncé la triste nouvelle par téléphone : il était effondré.

Consolations

Mes bien chers amis, nous voudrions vous assurer de toute notre compassion. Vos enfants sont là, grands déjà et compréhensifs. La vie, qu'ils symbolisent, vous fera un jour surmonter la dure épreuve et le souvenir de votre maman ne suscitera plus des larmes mais des sourires émus.

Formules intimes

Dès que nous pourrons, nous vous rendrons visite. Croyez en notre vieille amitié. Nous vous embrassons tous affectueusement.

RACONTER

COMMUNIQUER

ORDONNER SES IDÉES

EXPLIQUER

ARGUMENTER

ÉCRIRE UNE LETTRE

Le curriculum vitae

L'usage du curriculum vitae s'est généralisé. Ce document, qui livre des informations essentielles sur le demandeur d'emploi, sa qualification, son expérience, est envoyé à l'employeur éventuel accompagné d'une lettre de demande d'emploi. Il s'agit d'obtenir un entretien : l'enjeu est donc essentiel.

Comment préparer son curriculum vitae ?

□ Se demander qui est le destinataire, quelle est la nature de l'entreprise, quels sont ses besoins. Se livrer à une petite enquête.
□ Faire le point sur soi-même en apprenant à se situer : le projet professionnel est-il adapté à la formation ? Les stages en entreprises ont-ils été utiles ? Noter tous ces renseignements sur un tableau :

Différentes activités	Où ?	Quand ?	Aspects positifs ?	Me suis-je rendu utile ?

Les règles incontournables

Feuilles blanches format 21 × 29,7 cm	Document dactylographié
Ne jamais écrire au verso	Ne pas dépasser deux pages
Laisser une marge à gauche : 3-4 cm	Ne jamais signer
Photo : uniquement si elle est demandée	Ne pas joindre de timbre

Que doit contenir le curriculum vitae ?

□ Préciser son identité :
— En haut, à gauche : nom, prénom, adresse, numéro de téléphone.
— En haut, au milieu, en gros caractères, on peut indiquer sa fonction.
□ Utiliser 3 ou 4 rubriques, pas forcément dans l'ordre donné.

Rubriques	Contenu de la rubrique
Formation	• Retenir ce qui éclaire le projet professionnel. • Ne pas citer le brevet si l'on est bachelier.
Expérience professionnelle	• Un débutant peut s'en tirer en valorisant ses stages et ses jobs. • Bien indiquer les coordonnées des entreprises où l'on a travaillé. • Bien indiquer les tâches accomplies, les fonctions assumées.
Langues	• Surtout, ne pas tricher : la vérité s'impose vite !
Divers	• Service militaire : il a pu donner l'occasion d'accomplir un travail formateur utile pour la profession choisie. • Sports : toujours un signe de dynamisme. Éviter la plate énumération. • Les hobbies : les indiquer s'ils révèlent des aptitudes.

MODÈLE DE C.V.

Sur papier blanc
21 x 29,7 cm

La fonction
mise en valeur

L'identité

Emmanuelle DALLAC
6, rue Verlaine
38100 Grenoble
Tél. 04 76 41 80 20

SECRÉTAIRE MÉDICALE

Une débutante

FORMATION
Bac F 8 (secrétariat médical) en 2000

Informations
très précises

Le plus récent
d'abord

EXPÉRIENCES
2000 Clinique médico-chirurgicale de Brion
(Grenoble), département de stomatologie
- Accueil
- Prise en sténo des instructions d'un
chirurgien et transcription dactylographique.

Mise en valeur des
stages (travaux
effectués)

1999 Clinique maternité Bel Air de Chambéry
- Accueil
- Prise de rendez-vous
- Classement des dossiers
- Rédaction d'un rapport de stage

1998 Grenobloise de lunetterie, à Grenoble
- Accueil des opticiens
- Constitution de fiches clients
- Correspondance commerciale et traductions
techniques (clients espagnols)

Un atout

LANGUE
- Espagnol : lu, écrit, parlé
- Emploi de vendeuse à la pharmacie
Cortez de Burgos en 1999

DIVERS

Laisser une marge

- 20 ans
- Monitrice de colonie de vacances
pendant trois ans (Savoie)
- Sports : basket, parapente.

Des preuves
de dynamisme

Bonne
synchronisation

RACONTER

COMMUNIQUER

ORDONNER SES IDÉES

EXPLIQUER

ARGUMENTER

ÉCRIRE UNE LETTRE

La demande d'emploi

La demande d'emploi, qui accompagne souvent le curriculum vitae, est d'une grande importance pour établir un premier contact avec une entreprise. On distingue deux types de lettres de demande d'emploi : la réponse à une annonce et la candidature spontanée.

Les règles

☐ Les règles formelles. La lettre, de format 21 × 29,7 cm et sur papier blanc, doit être manuscrite et signée (analyse graphologique possible). Envoyer l'original.
☐ La rédaction et l'esprit. On juge le postulant sur l'orthographe, la ponctuation, la syntaxe qui doivent être irréprochables. Les paragraphes doivent être logiquement organisés à partir d'une idée clé. Ne pas dépasser une page.

La lettre réponse à une annonce

☐ Donner trois séries de coordonnées. En haut à gauche : nom, prénom, adresse, n° de téléphone du demandeur. En haut à droite : coordonnées de l'entreprise. Rappeler la référence de l'annonce sous les coordonnées du demandeur.
Exemple : Réf : votre annonce n° 4132, dans l'*Est républicain* du 02-06-99.
☐ Comment introduire sa demande ? Si la personne à qui s'adresser est désignée dans l'annonce, s'adresser à elle *(Madame la… Monsieur le…)*. Dans le cas contraire, utiliser la formule *Monsieur le Directeur* ou *Monsieur le Directeur du Personnel*.
☐ Ne pas hésiter à commencer très directement : « Votre annonce a de suite attiré mon attention… Je suis vivement intéressé par… »
☐ Que doit contenir la lettre ?

1. **Un paragraphe pour justifier** son choix : dynamisme connu de cette entreprise, efficacité, méthodes qui attirent…	On montre son sérieux : on s'est documenté
2. **Un paragraphe pour insister** sur un ou deux points du curriculum vitae joint qui sont en complète concordance avec les fonctions, les besoins, les buts de l'entreprise. Insister aussi sur ses qualités personnelles.	On peut déjà attirer, séduire ! Savoir… se vendre ! Cartes sur table !
3. **Un paragraphe pour demander** un entretien. Formules conclusives du type : *Dans l'attente d'un entretien, je vous prie, Monsieur le Directeur, de croire en l'assurance de ma considération… Dans l'espoir que vous m'accorderez un entretien, je…*	Fuir l'obséquiosité Formules de politesse d'égal à égal (page 112)

La candidature spontanée

☐ Plus de la moitié des embauches ont lieu de cette façon : cette lettre spontanée prouve qu'on est motivé et entreprenant.
☐ La préparer en se documentant sur l'entreprise et la rédiger de la façon la plus personnelle : il ne s'agit pas d'un mailing !
☐ Les règles de présentation et de rédaction sont les mêmes que celles de la réponse à une annonce. Toutefois, on développera le 2., jusqu'à deux paragraphes.

1 Petite annonce

Répondez à l'annonce ci-dessous dans une lettre de candidature.

F O R E S T A L
E Q U I P E M E N T

Découvrez un monde en pleine mutation technologique : la transformation des papiers et des films. Négociez de leurs créations à leurs aboutissements des contrats de 1 a 10 millions de Francs.

Jeune TECHNICO-COMMERCIAL
200-240 KL

A 27 ans environ, de formation technique Bac + 2, vous possédez une expérience de 3 ans dans la vente de produits d'équipement industriel de forte valeur marchande.

Organisé et autonome, vous souhaitez aujourd'hui intégrer une petite structure en lien étroit avec le PDG et prendre LA RESPONSABILITÉ TOTALE DE VOS PROJETS : prospection, négociation, élaboration, suivi et développement.

Votre personnalité vous confère cette capacité à négocier et à convaincre des interlocuteurs de haut niveau : DG, Directeur Technique.

Pour ce poste basé à Metz, merci d'adresser CV. photo et préf. à Recrutement, 14 bis rue Clerc, 75014 PARIS, s/réf 8957NO.

2 Lettre de candidature

A partir des informations ci-dessous et de celles que vous imaginerez, rédigez une lettre de candidature spontanée.

Nom et prénom : FEREOL Hélène
Coordonnées : Les inventer
Formation : Bac F 8 (secrétariat médical) en 1999
Expériences : 2000. Cabinet médical : prise de rendez-vous, accueil des clients et des représentants.
1999. Stage à la DDAS (Direction départementale d'aide sanitaire et sociale) de Reims : accueil, prise de notes et rédaction de procès-verbaux de réunions des assistantes sociales, prise en charge de pensionnaires d'un foyer d'accueil.
Divers : 20 ans
Pratique du violon (orchestre d'amateurs).
Anglais lu, parlé, écrit.

L'allégorie

> Au sens étymologique, l'allégorie consiste à parler *(agorenein)* en d'autres termes (*allos :* autre) que ceux normalement attendus. Elle est donc un langage symbolique, à plusieurs sens.

■■■■■ Comment fonctionne l'allégorie ?

L'allégorie est un type d'écriture qui, à travers une suite d'images (souvent des métaphores), renvoie le lecteur à au moins deux sens :
— un premier sens, **dénoté,** c'est-à-dire le sens, direct et neutre, de l'histoire racontée, de la scène évoquée ;
— un second sens, **connoté,** c'est-à-dire suggéré par le premier, mais obligatoire parce que codifié.
Exemple : si l'on sait que La Fontaine écrit pour l'éducation du Dauphin, on décodera ainsi *Le Corbeau et le Renard :*

Sens n° 1, dénoté	Histoire d'un corbeau.	Histoire d'un renard.
Sens n° 2, connoté	Histoire de quelqu'un que l'on flatte.	Histoire d'un flatteur.
Sens n° 3, connoté	Histoire d'un roi, que les courtisans flattent.	Histoire d'un courtisan, désireux de voler le Roi.
Sens n° 4, connoté	Monseigneur, ne ressemblez pas à ce roi.	Monseigneur, reconnaissez les flatteurs.

■■■■■ Quels procédés de style caractérisent l'allégorie ?

☐ **La métaphore filée,** c'est-à-dire continuée.
Exemple : la Terre réveillée par le Printemps, dans le roman de La Rose (13e s).

La terre même se délecte ◄— La première   La terre alors devient si fière
De la rosée qui l'humecte   métaphore suscite   Qu'elle change sa robe entière ;
Et oublie la pauvreté   les autres   Et sait si joliment la faire
Où elle a tout l'hiver été   Que de couleurs elle a cent paires

☐ **La personnification** donne aux abstractions figure humaine, les concrétise, les fait parler. La personnification se fait par métaphore (« la rose » = la femme), par synecdoque (« Strasbourg a gagné » = une équipe, élément du tout ville de Strasbourg), par métonymie (dans *Le Roman de Renard,* le coq se nomme Chantecler = l'effet pour la cause coq).
☐ **La prosopopée** permet de donner la vie, les sentiments, les idées, la parole à un objet ou à un être absent, mort et, donc, de les mettre en scène. Elle convient au style sublime. C'est un cas particulier de personnification.
Exemple : dans son discours pour l'inauguration du monument de Gilioli à la gloire des Résistants morts, Malraux les fait surgir et parler : « Nous sommes les torturés agonisants... »

Antiphrase et ironie

Dans l'antiphrase et l'ironie, le mensonge apparent devient un moyen stylistique, avec la connivence du lecteur.

L'antiphrase

<u>Définition</u>. On appelle <u>antiphrase</u> un écart de style qui consiste à exprimer le contraire (B) de ce qu'on veut dire (A). L'antiphrase déclenche des connotations tragiques, tristes, amères, indignées.

Exemple : Ruy Blas s'adresse en ces termes aux conseillers du Roi qui se disputent l'Espagne :

« Bon appétit, messieurs !
Ô ministres intègres !
Conseillers vertueux ! voilà votre façon
de servir... »

Ruy Blas pense l'inverse

L'ironie

<u>Définition</u>. L'ironie est une antiphrase dont les effets sont la raillerie, le comique.

Exemples : on dira ironiquement d'un être stupide qu'il est « particulièrement doué » ou « d'une intelligence supérieure ».

Effets de l'antiphrase et de l'ironie

☐ Antiphrase et ironie ont toujours trois significations : disparition du sens B (sens strict du mot, sa dénotation), intrusion du sens A, l'inverse de B, enfin connotations provoquées par la substitution.

☐ Il est parfois difficile de distinguer antiphrase et ironie dans la mesure où les connotations provoquées peuvent être à la fois tragiques et comiques.

Exemple : ironisant dans son *Bloc-Notes* sur le gouvernement de J. Laniel, Mauriac écrit : « Ô chevalier à la Tête de bœuf, subtils tacticiens de Rabat, stratèges inspirés par Dien-Bien-Phu ».

Les « tacticiens » sont pour lui responsables du sang versé au Maroc et les « stratèges inspirés » de la défaite de l'armée française au Viêt-nam. On rit aux dépens des ministres mais on s'indigne du sang versé dont sont responsables ces tristes « chevaliers ».

☐ L'ironie socratique feignait l'ignorance, d'où ses questions et ses réflexions à première vue naïves. En fait, elles forçaient l'interlocuteur à s'interroger pour répondre, donc à « accoucher » de ses idées (c'est la <u>maïeutique</u>).

Exemple : Il y a beaucoup d'avantages à mourir à la guerre. On obtient en effet une belle et grandiose sépulture... on est loué par de savants personnages.

☐ Antiphrase et ironie sont des armes précieuses pour le polémiste ou l'écrivain engagé. D'où leur emploi par Montesquieu et Voltaire contre l'Ancien Régime.

Antithèse, chiasme, oxymore

> Opposer des éléments du réel, des sentiments, des idées est une opération mentale fondamentale et naturelle, d'où l'importance de l'antithèse et des écarts de style qui lui sont apparentés.

▰▰▰ L'antithèse

□ Définition. L'antithèse oppose des mots, des phrases ou des ensembles plus vastes (paragraphes, chapitres...) dont le sens est ou devient inverse ou, du moins, très différent.

Exemples : Indicateur de l'antithèse
Il vaut mieux une tête bien faite que bien pleine

□ Effets. L'antithèse permet d'attirer l'attention sur les éléments opposés : on peut ainsi valoriser l'un d'eux ou les deux à la fois. Systématique, l'antithèse devient lassante, même chez Hugo dont elle révèle le manichéisme. Elle est d'un usage fréquent dans le mélodrame, en politique ou en publicité : on oppose les bons aux méchants, les justes aux traîtres, la purée Chose à la purée Machin.

▰▰▰ Des écarts proches de l'antithèse

	Définitions et exemples	Usage
Alternative	On force à choisir entre deux solutions parfaitement antithétiques *Exemples :* La bourse ou la vie !... La valise ou le cercueil...	Constitue un argument capital dans une discussion, un bon accrochage dans un titre, un slogan.
Coq-à-l'âne	Passage brutal à une idée sans rapport avec la précédente *Exemple :* les conversations croisées au théâtre LE POMPIER — Je suis trop fatigué. M. MARTIN — Rendez-nous ce service. Ionesco	Procédé comique ou poétique, révélation d'un univers absurde.

▰▰▰ Le chiasme

□ Définition. Cas particulier d'antithèse, le chiasme oppose deux énoncés dont l'ordre des termes est inversé. On a : A B B A

Exemples : Il faut manger pour vivre et non vivre pour manger
Ceux qui donnent des canons aux enfants
Ceux qui donnent des enfants aux canons   Prévert

□ Effets. Le chiasme permet la symétrisation, attire l'attention, interroge.

▰▰▰ L'oxymore, ou alliance de mots

□ Définition. L'oxymore est la résolution d'une antithèse puisqu'elle réunit deux termes antithétiques pour les rendre identiques.

Exemple : Le soleil noir de la mélancolie Nerval

□ Effets : L'oxymore définit une vision dialectique du monde : les contraires s'annulent, sont dépassés par la réalité qui les unit.

Codes culturels

La plupart des mots et des éléments du réel auxquels ils renvoient ont une ou plusieurs significations conventionnelles, admises par la société, et ils obéissent à des règles précises d'agencement. Ils appartiennent donc à des codes culturels.

Codes stricts et codes larges

☐ Les codes logiques, scientifiques, techniques, créés de toutes pièces, sont les plus stricts. Chaque élément comporte une seule signification (sens dénoté).

Exemple : les mots « proton », « neurone », « feu rouge », « logarithme » sont monosémiques (un seul sens) et dénotatifs (ce sens, strict et neutre, est celui du dictionnaire).

☐ Les autres codes, tributaires de l'inconscient, des habitudes, de l'histoire, admettent souvent plusieurs significations pour un même élément.

Exemple : le code de la mode accorde à « casquette » le sens du dictionnaire et plusieurs autres sens seconds, connotés, selon le contexte (couvre-chef de l'ouvrier, du paysan suédois, de la femme in, etc.).

Tableau des principaux codes

Différents codes	Exemples d'éléments	Significations admises
Codes logiques, scientifiques, techniques	$\leqslant$ ⚠	Inférieur ou égal à Croisement sans priorité
Codes de reconnaissance de l'identité et de l'appartenance	$\bigvee\kern-0.3em\bigvee$ Béret	Grade : sergent Coiffe des ruraux du Sud-Ouest + le Français (pour l'Anglais)
Codes des relations sociales	Sourire Poignée de mains	Accueil, gentillesse, amitié, accord Amitié, égalité, décontraction, réconciliation
Codes des manifestations collectives	Crèche But	Noël, naissance du Christ, christianisme Football
Codes esthétiques	Pointes Guitare électrique	Danse classique Musique, rock, jazz

Codes culturels et communication écrite

☐ Pour que le message passe, le rédacteur doit s'assurer que le code auquel il se réfère est connu du lecteur.

Exemple : les signes codés de l'électronique passent dans un article pour un spécialiste.

☐ Quand le code auquel on se réfère est mal connu du destinataire, il faut définir certains mots, utiliser des schémas, prévoir un lexique.

Les codes personnels

☐ Un écrit littéraire qui se référerait seulement aux codages connus de tous serait très banal. Le poète, le romancier savent rajeunir les codes en inventant de nouvelles significations. Ils peuvent aussi révéler de nouvelles conceptions, exprimer des sentiments personnels à travers un code personnel : le dépaysement, l'étrangeté, l'intérêt suscités sont les signes de l'art.

Comparaison et métaphore

La recherche de ressemblance entre deux êtres, deux choses, deux idées est une opération naturelle et universelle. D'où l'importance de ces deux écarts de style : la comparaison et la métaphore.

Qu'est-ce qu'une comparaison ?

□ On appelle comparaison le rapprochement de deux mots, le comparé et le comparant, selon un rapport de ressemblance précisé par l'emploi d'un outil de comparaison.

Exemple : L'énorme catcheur avait des ⸢cuisses⸣ ⸢comme⸣ ⸢des poteaux⸣ ⸢télégraphiques⸣ .
                                            Le comparé   L'outil   Le comparant

□ Les outils de la comparaison sont divers : noms (ressemblance, similitude...), verbes (sembler, ressembler à, avoir l'air de...), adjectifs (semblable à, pareil à...), conjonctions et locutions (comme, ainsi que...), prépositions (un nez en trompette).

Qu'est-ce qu'une métaphore ?

□ On appelle métaphore le remplacement d'un mot normalement attendu, le comparé (A), par un autre, le comparant (B), selon un rapport de ressemblance entre A et B. La métaphore n'utilise aucun outil de comparaison.

Exemple : J'aime bien lézarder.

Deux types de métaphores

Métaphore annoncée	Métaphore directe
A et B sont exprimés. Ex. : La marée blanche (B) des infirmières (A) descendues dans la rue.	A est absent, B est exprimé Ex. : Le Quinze de France a été balayé (B).

L'emploi de la comparaison et de la métaphore

□ Elles caractérisent la littérature et la poésie, mais leur fréquence est remarquable dans la presse, surtout sportive, la publicité et le langage commun.

□ Beaucoup de comparaisons et de métaphores usuelles sont devenues des clichés banals. Il faut leur préférer l'image inattendue qui crée des rapports nouveaux et éveille les sens, les sentiments, l'imagination.

Dénotation et connotation

L'homme est un être essentiellement intelligent et créatif capable de conférer au réel et aux mots qui s'y réfèrent une multitude de significations symboliques.

Significations d'un mot

□ **La dénotation.** On appelle dénotation, ou sens dénoté d'un mot, son sens premier, objectif, celui qu'en livre le dictionnaire. La dénotation correspond donc au sens adopté par tous les usagers d'une langue.

Exemple : Un « meunier », au sens dénoté, c'est celui qui possède et exploite un moulin à céréales pour produire de la farine.

□ **Les connotations.** On appelle connotation, ou sens connoté d'un mot, un sens second suggéré et souvent subjectif, variable selon les époques, les situations, les individus.

Exemple : Le mot « meunier » peut évoquer le bon vieux temps, celui de Maître Cornille (A. Daudet), l'artisanat et la société rurale, la littérature (La Fontaine, G. Sand).

□ **Le symbole.** Il correspond à l'addition d'un sens dénoté et d'au moins un sens connoté.

Exemple : Le chèvrefeuille est une plante (dénotation) qui symbolise les liens d'amitié ou d'amour (connotations codées).

D'où viennent les connotations ?

	Explications	Exemples
La nature humaine	Les cycles naturels (saisons, jours et nuits), les peurs ancestrales de la nature hostile, la nécessité pour l'enfant d'être longtemps protégé font naître de nombreuses connotations.	Le printemps connoté comme le renouveau, la renaissance, la résurrection. Le chef, le détenteur d'un pouvoir connotés comme le Père.
Le contexte social	Beaucoup de connotations, que l'on croit personnelles, sont en fait codifiées par la société.	Le symbolisme des fleurs, les connotations de l'hexagone pour un Français.
L'histoire personnelle	Ce sont les connotations les plus personnelles, liées à des joies ou des peines profondes.	Quelles sont les connotations de maman pour un orphelin ?!
Le contexte	Les mots sont rarement isolés. Leur contexte projette sur eux des connotations.	« Le député est un produit saisonnier, qu'on trouve au marché en période électorale. » « Député » prend des connotations sarcastiques et dépréciatives.

Discours direct et discours indirect

> On distingue trois manières de rapporter des paroles (les siennes ou celles des autres) : le discours direct, le discours indirect, le discours indirect libre.

▬▬ Le discours direct

Définition. Le discours direct consiste à rapporter directement des paroles.

Exemple : Nathalie nous a répété : « Je n'ai pas voulu aller au Salon cette année. Ma voiture durera bien un an de plus. »

Fonctionnement

□ Le narrateur s'efface pour laisser parler quelqu'un.
□ On utilise la ponctuation du dialogue (deux points, guillemets, tirets).

▬▬ Le discours indirect

Définition. Le discours indirect consiste à rapporter indirectement les paroles de quelqu'un dans une proposition subordonnée complétive.

Exemple : Au discours indirect, la phrase citée devient :
Nathalie nous a répété qu'elle n'avait pas voulu aller au Salon cette année, que sa voiture durerait un an de plus.

Fonctionnement

□ Intervention du narrateur : l'énoncé devient du récit.
□ Changement de personne, de **je** à **elle.**
□ Changement de temps et de mode **(n'avait pas voulu, durerait).**

▬▬ Le discours indirect libre

Définition. Le discours indirect libre consiste à rapporter indirectement les paroles de quelqu'un dans une proposition indépendante.

Exemple : Au discours indirect libre, la première phase citée devient :
Nathalie nous l'a répété. Elle n'a pas voulu aller au Salon cette année. Sa voiture durera bien un an de plus.

Fonctionnement.

□ Intervention du narrateur.
□ Changement de personne (de **je** à **elle)** et de déterminant (de **ma** à **sa).**
□ Apparition d'un pronom complément d'objet **(l')** qui annonce les paroles de Nathalie.

▬▬ Comment employer ces trois formes ?

□ Le discours direct introduit la vie et la variété dans un texte.
□ Le discours indirect est plus lourd puisqu'il doit recourir à des termes de liaison.
□ Le discours indirect libre permet d'alléger le texte, de réintroduire le narrateur. C'est un bon compromis entre les formes précédentes, utilisé surtout en littérature.

Les écarts de construction

> Pour échapper à la monotonie et à un respect trop strict de la norme grammaticale, il est possible de créer des écarts de construction de la phrase.

La syllepse et l'anacoluthe

☐ La syllepse est une rupture de la construction grammaticale.

Exemple : « Le matin on s'éveille, et toute une famille
Vous embrasse... » (Hugo) (accord selon le sens, non la grammaire)
Un risque : appeler syllepse une simple erreur de construction !

☐ L'anacoluthe est une syllepse obtenue par un changement brusque de sujet.

Exemple : « Indomptable taureau, dragon impétueux,
Sa croupe se recourbe en replis tortueux. » (Racine)
On attendait un sujet au masculin.

☐ Effets. Syllepses et anacoluthes créent des effets de surprise, indiquent une émotion, un sentiment forts capables de brouiller la syntaxe et de la faire oublier.

L'ellipse

☐ L'ellipse est la suppression d'un ou de plusieurs mots dans une phrase.

Exemple : « Le bateau est reparti. Calme et silence. Un univers hors du temps, des barques sur le sable noir et la mer, d'obsidienne » (récit de voyage).
« Économie : les trois inconnues » (titre de presse)

Effets et utilisation. L'ellipse allège l'énoncé mais les mots qui subsistent doivent permettre au lecteur de rétablir ceux qui manquent. L'ellipse interpelle, force à imaginer. Elle permet aussi d'évincer quelques banalités (« il y a », « maintenant apparaît »...) de supprimer quelques mots outils et de privilégier les mots riches de connotations. D'où son usage dans les récits de voyages, la poésie descriptive, les articles de presse. Le rôle de l'ellipse est énorme dans les titres, les sous-titres, les intertitres : quelques mots se détachent sur le fond blanc et sont fortement visualisés. Dans les télégrammes ou les petites annonces, l'ellipse est systématiquement utilisée par souci d'économie.

☐ L'habitude de « ponctuer court » pour faciliter la lisibilité d'un texte multiplie dans la presse l'emploi de phrases faussement elliptiques.

Exemple : « Les dinosaures ? Il y en eut des stupides et des roublards. Des herbivores et des carnivores. Des lents et des rapides. »

L'inversion

☐ L'inversion est un renversement de l'ordre normal des mots ou des groupes de mots. Effet : l'attention se porte sur l'élément déplacé.

Exemples : « Sabine, je l'ai revue l'hiver dernier » (transformation emphatique de la phrase).
« Au sommet de ces monts couronnés de bois sombres
Le crépuscule encor jette un dernier rayon. » *(Lamartine)*

Eléments de la communication écrite

> Pour que la communication écrite soit possible, six éléments doivent être réunis : émetteur, lecteur, référent, message écrit, canal et code.

▰▰▰ Schéma de la communication écrite

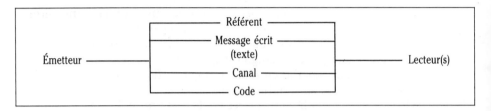

▰▰▰ Six éléments contraignants

☐ **L'émetteur.** C'est celui qui rédige le message, rédacteur d'une notice technique, auteur d'une lettre, journaliste, écrivain. Dans le cas du récit et même du théâtre, il faut distinguer l'auteur, le narrateur, les personnages, tous émetteurs.

La communication écrite est presque toujours différée. L'auteur, absent et parfois mort, continue à s'adresser aux lecteurs. Autre caractéristique : un auteur s'adresse à des milliers de lecteurs.

☐ **Le lecteur.** Certains écrits doivent se lire très vite : affiches, publicités, tracts mais aussi notes de service, titres et intertitres de presse. Le rédacteur devra donc accentuer la lisibilité.

Par contre, le lecteur du message littéraire, d'écrits scientifiques ou techniques, et même d'articles de presse entend revenir en arrière, relire, prendre des notes, réfléchir. Le texte peut donc être riche, spécialisé, demander des efforts de décodage importants.

☐ **Le référent.** C'est l'ensemble des êtres, des objets, des choses dont il est question dans le texte. En somme, c'est le sujet de la communication. A l'écrit, le référent est seulement textuel. Aussi l'auteur doit-il dépeindre le réel auquel il se réfère de la façon la plus précise.

☐ **Le message écrit.** C'est le texte, l'énoncé. Chaque texte obéit aux lois du genre auquel il appartient : un rapport ne peut se concevoir comme une pièce de théâtre !

☐ **Le canal.** C'est la voie matérielle empruntée par le texte. En général, c'est la feuille de papier du livre, du journal, de l'affiche. Ne pas oublier cependant l'écran de l'ordinateur ou du minitel, les messages gravés dans la pierre.

☐ **Le code.** C'est celui de la langue écrite. Toute langue est un code puisqu'elle se compose d'un ensemble d'éléments (le répertoire des mots) et de leurs règles de combinaison (la grammaire).

L'expression passionnelle

L'expression des sentiments vifs et des passions se fait plus facilement à l'oral qu'à l'écrit : les intonations, le rythme, le débit, la mimique les font mieux passer que des signes de ponctuation ! D'où la nécessité d'employer des procédés exclamatifs et interrogatifs.

Phrases exclamatives et phrases interrogatives

□ **Les phrases exclamatives.** Elles conviennent à l'expression des sentiments aigus et des passions, surtout quand elles sont elliptiques, donc courtes et proches d'un cri.
Exemple : « Quel charme a la Sologne en automne ! ».
 « Admirable, ce match ! » (phrase elliptique du verbe + inversion)
□ **Les phrases interrogatives.** La passion n'exclut pas la syntaxe normale (verbe + inversion du sujet, emploi de pronoms, d'adjectifs, d'adverbes interrogatifs). Elle transparaît dans les mots riches de sens. Dans la conversation, les tournures elliptiques sont fréquentes.
Exemples : « Combien vaut ce pantalon ? » (phrase interrogative normale)
 « Lui aussi ? Mais quand ? Et où ? » (phrases elliptiques)
□ La succession d'exclamations ou d'interrogations peut indiquer un bouleversement affectif, un désir véhément de solliciter autrui, de l'impliquer. Utilisation fréquente dans les discours, les confessions, la presse, les dialogues, la publicité.
Exemple : « O lumière ! où vas-tu ? Globe épuisé de flamme,
 Nuages, aquilons, vagues, où courez-vous ? » Lamartine

Quelques procédés exclamatifs

	Définition et utilisation	Exemples
Apostrophe	Interpellation brusque d'une personne, d'une divinité, d'un objet parfois. Convient au théâtre, dans tous les dialogues, dans la poésie, la publicité, le discours politique. L'accumulation d'apostrophes crée une tension dramatique, transforme les mots en cris.	« Ils meurent de faim, oui, Messieurs, ils meurent de faim dans vos terres, dans vos châteaux... » <div align="right">Bossuet</div>« Bandit ! Voyou ! Voleur ! Chenapan ! C'est la meute des honnêtes gens Qui fait la chasse à l'enfant. » <div align="right">Prévert</div>
Interjection	Mot isolé et invariable exprimant un sentiment, une émotion très vifs. Accompagne souvent les apostrophes.	Ah ! Aïe ! Bravo ! Chut ! Hélas ! Zut !... Ah ! je mourais plutôt... O mon siècle !
Souhait	Expression d'un désir, d'une volonté en quelques mots.	Bon voyage ! Que Dieu soit avec vous !
Imprécation	Catégorie de souhait. L'imprécation est une malédiction. Procédé fréquent au théâtre, dans les écrits politiques, les tracts, les affiches, la poésie.	« A bas la loi scélérate ! » « Et qu'il soit chassé par les mouches Puisque les hommes en ont peur. » <div align="right">V. Hugo, contre Napoléon III</div>

Fonctions de la communication écrite

La communication peut assumer six grandes fonctions. Elles ne sont pas forcément toutes présentes dans les textes. Leur utilisation dépend du genre de l'écrit et de la volonté de l'auteur.

▬▬▬ Schéma des six fonctions de la communication écrite

Chaque fonction est branchée sur l'un des six éléments de la communication.

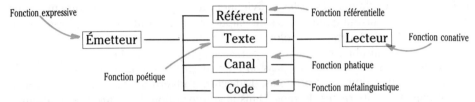

▬▬▬ Les six fonctions de la communication écrite

	Nature et rôle	Indices de reconnaissance
Fonction référentielle	Correspond aux informations objectives transmises. *Exemples :* « L'hélicoptère est monté à 8 000 pieds. » « Ce matin, j'ai pris le train. »	La 3ᵉ personne : <u>il</u>, <u>elles</u>... mais aussi la 1ʳᵉ si le message est objectif. Le pronom neutre : <u>ça</u>, <u>cela</u>.
Fonction expressive	Correspond aux émotions, sensations, sentiments, jugements exprimés. C'est la fonction de la subjectivité. *Exemple :* « Le décor est saisissant, la mise en scène minutieuse et les acteurs au point. » (critique de presse).	La 1ʳᵉ personne. Le contenu personnel, subjectif du texte.
Fonction conative	Correspond à toutes les implications du lecteur : questions, ordres, interpellations. *Exemple :* « <u>Vos</u> gencives saignent, <u>vos</u> dents sont en danger. <u>Essayez</u> donc Dentogyl ».	La 2ᵉ personne : <u>tu</u>, <u>vous</u> L'impératif Les questions
Fonction phatique	Correspond à tous les éléments utilisés pour faciliter la lisibilité du message écrit : ponctuation, caractères d'imprimerie, mise en page, règles de la lisibilité.	Tous les éléments cités ci-contre.
Fonction métalinguistique	Correspond aux définitions intégrées dans le texte : on définit et on explique un mot avec d'autres mots. *Exemple :* « Parlons de l'iris, <u>en d'autres termes</u> de cette plante de la famille des iridées à fleurs odorantes... »	Après <u>c'est-à-dire</u> ou des mots équivalents. Après le mot <u>définition</u>.
Fonction poétique	Correspond à la transformation du texte en message esthétique. *Exemple :* « Barque à fond plat ; ciel bas, qui parfois descendait jusqu'à nous en pluie tiède ; odeur de vase des plantes d'eau, froissement des tiges. »　　　　A. Gide Les ellipses, les accumulations des termes, la métaphore (<u>descendait</u>), la richesse des connotations constituent un style.	Choix original des mots, des tournures, écarts de style.

Français oral, français écrit

Toute langue est d'abord parlée. Mais, comme les paroles s'envolent, le besoin de leur fixation écrite est apparu. On peut donc distinguer deux langues françaises. Quelles sont leurs ressemblances et leurs différences ?

▬▬▬ Deux alphabets différents

☐ Le français utilise 36 <u>phonèmes</u>, c'est-à-dire 36 sons insécables différents qui permettent de prononcer tous les mots. Ces phonèmes peuvent être transcrits selon l'alphabet phonétique international.

Exemple : /skəlɛt/ = squelette

☐ Pour transcrire ces 36 phonèmes, le code écrit a 26 lettres. Aussi, le même son peut être transcrit différemment et la même lettre peut noter des sons différents.

Exemple : La lettre S est utilisée dans ⎯
— sable /s/
— ra<u>s</u>e /z/
— balle<u>s</u> non prononcé

Le son ɛ̃ est transcrit différemment dans ⎯
— p<u>ain</u>
— p<u>in</u>
— pl<u>ein</u>

Ces différences posent le problème de l'orthographe.

▬▬▬ Deux morphologies différentes

☐ La morphologie concerne la forme des mots. Les marques du singulier et du pluriel, du masculin et du féminin, les temps des verbes, les dérivés sont souvent différents à l'oral et à l'écrit.

Exemple :

[<u>le</u> ziRɔ̃del sɔ̃ paRti]	3 marques du pluriel (—) 1 marque du féminin (le nom)
<u>Les</u> hirondelle<u>s</u> <u>sont</u> partie<u>s</u>	4 marques du pluriel (—) 2 marques du féminin (le nom, le participe)

Le message écrit est plus redondant que le message oral.

☐ Le passé simple, beaucoup de subjonctifs ont pratiquement disparu.

☐ L'oral emploie « on » pour « nous », contracte beaucoup de formes (« y a un zèbr' »).

▬▬▬ Deux syntaxes différentes

La syntaxe concerne la fonction des mots et leur disposition dans un énoncé.

Syntaxe orale	Syntaxe écrite
• L'intonation indique la fin de la phrase. • Dans la conversation, les phrases sont souvent inachevées et coupées (dès que l'interlocuteur a compris). • Fréquentes répétitions. • Formes d'insistance (« ça, c'est incroyable... »).	• La ponctuation découpe le texte. • Respect du modèle : sujet + verbe + compléments. • Répétitions déconseillées. • Formes d'insistance déconseillées.

Humour

L'humour est une catégorie très importante du comique. Il correspond aussi à un comportement humain, à un état d'esprit, à une philosophie. Quels sont donc sa nature, sa mécanique et ses effets ?

Les mécanismes de l'humour

L'humour naît lorsque les normes admises sont brusquement oubliées ou niées. L'humoriste ou ses personnages paraissent donc anormaux et leurs paroles, leurs réactions provoquent la décharge comique.

	Mécanismes	Exemples
Suspension de l'intelligence	L'humoriste feint d'être inintelligent, utilise des raisonnements ridicules. Variante : il présente des personnages stupides.	Ils ont le nez si écrasé (les Noirs) qu'il est presque impossible de les plaindre (Montesquieu faisant parler un esclavagiste).
Suspension de la sensibilité	L'humoriste feint de n'avoir aucune sensibilité, ses personnages sont cruellement insensibles. L'humour devient noir.	Le *Bon amant* d'A. Allais s'ouvre le ventre et comprime ses intestins. Alors, « Elle, très amusée de ce jeu, enfouit ses petits petons roses dans la masse irisée des entrailles fumantes et poussa un petit cri ».
Suspension du jugement moral	L'humoriste feint de n'avoir aucun sens moral.	– Mon bébé a un pied gauche normal mais son pied droit mesure 63 cm ! – C'est ennuyeux : vous devrez lui acheter des chaussures sur mesure.
Ignorance, remise en question des interdits	L'humoriste feint d'ignorer les interdits, les tabous.	La chanson du *Zizi* de P. Perret.

Pourquoi et contre qui rit-on ?

Selon la psychanalyse, l'homme mobilise son énergie psychique pour se représenter l'instant à venir. Inconsciemment, il l'imagine conforme aux règles sociales. Or, l'humour, qui transgresse ces règles, rend brusquement inutile cette énergie psychique. Le subconscient, qui obéit au principe de plaisir, prend alors sa revanche contre les règles imposées : c'est le rire.

Exemple : « La femme est un sujet brûlant sur lequel, malgré tout, j'aime bien m'étendre. » L'humour naît ici du double sens de « sujet brûlant », d'où l'économie psychique réalisée, la libération du tabou sexuel et la détente comique.

Si l'on admet que le subconscient contient des pulsions sexuelles (la libido) et des pulsions agressives, on comprend que l'on rie facilement :

— de tous les Pères et autres détenteurs d'autorité qui frustrent l'individu ;

— des allusions à la sexualité et à la scatologie.

Litote et hyperbole

Bémol ou dièse ? Une pensée, un jugement peuvent être atténués ou au contraire exagérés. Litote et euphémisme servent la retenue, emphase et hyperbole l'exubérance.

L'art d'atténuer

☐ L'atténuation peut correspondre à l'utilisation de phrases simples et claires, où les sentiments et les jugements sont livrés avec retenue. C'est le principe même de l'art classique.

☐ La litote. C'est un écart de substitution d'un terme B à un terme A. B dit moins que A, l'atténue.

Exemples : Je ne déteste pas (B) = j'aime beaucoup (A)

Vous ne m'êtes pas indifférente (B) = je vous aime (A)

Effets. Le paradoxe de la litote est qu'elle pousse le lecteur à se représenter plus que A. L'invité à qui l'on dit qu'il ne mourra pas de soif comprend qu'il y aura beaucoup de boissons sur la table, et peut-être trop.

☐ L'euphémisme. C'est une catégorie de litote qui atténue des impressions désagréables, défavorables, odieuses.

Exemples : Le troisième âge (B) = les vieillards (A)

C'est une contre-vérité (B) = c'est un mensonge (A)

Effets. L'euphémisme respecte la douleur d'autrui, ménage sa susceptibilité. Très utilisé en diplomatie, il est un tantinet hypocrite !

L'art d'exagérer

☐ L'emphase. Elle concerne non pas un mot mais l'ensemble d'un écrit. C'est l'outrance de l'expression, la grandiloquence prétentieuse. Elle caractérisait la littérature précieuse. Il est évidemment conseillé de la fuir parce qu'elle sonne toujours faux.

Exemple : Le fameux discours des comices agricoles dans *Madame Bovary*.

☐ L'hyperbole. C'est l'inverse de la litote : B dit beaucoup plus que A, le mot ou l'expression normalement attendus. L'hyperbole est donc une exagération.

Exemple : C'est dément ! (B) = c'est ridicule (A)

Le soleil

Mais auprès de Philis, on le prit pour l'Aurore,   Les deux comparaisons
Et l'on crut que Philis était l'astre du Jour.   hyperboliques

La femme aimée   Voiture

Les hyperboles sont fréquentes dans la poésie lyrique ou dramatique. La Préciosité les a cultivées jusqu'au ridicule. De nos jours, la politique et la publicité en font un usage parfois immodéré. Dans l'image, la caricature est d'ordre hyperbolique.

L'invective, l'injure prennent souvent une tonalité hyperbolique :

Va-t'en, chétif insecte, excrément de la terre.

La Fontaine, *Le Lion et le Moucheron.*

Métaplasmes

On appelle métaplasme toute modification d'un mot par suppression, addition, substitution de sons ou de lettres. C'est donc un écart de style qui porte sur le signifiant (partie acoustique ou, à l'écrit, visuelle du mot).

Métaplasmes par suppression ou adjonction de sons et de lettres

	Définitions, emplois, effets	Exemples
Aphérèse	Suppression de sons ou de lettres au début d'un mot. Typique du langage enfantin. Effets : économie, style décontracté, etc.	Le bus, las (pour hélas)
Apocope	Suppression de sons ou de lettres à la fin d'un mot. Obéit à une loi linguistique. Effets : imitation du français parlé, style décontracté, etc.	Encor (licence poétique), la manif, la gueul' d'un bonz' (A. Jarry).
Syncope	Suppression de sons ou de lettres au milieu d'un mot. Obéit à une loi linguistique. Effets : imitation du français parlé, style décontracté, etc.	M'sieurs dames !
Allitération et assonance	Répétition de sons dans un groupe de mots. Effets : harmonies imitatives, musicalité ou cacophonie, style poétique. Allitération : répétition de consonnes. Assonance : répétition de voyelles.	Trois tortues très têtues trottent. La lune limpide sur les lilas et les lys.

Métaplasmes par création de mots

□ Le mot forgé, ou forgerie, est une pure invention. Effets : comique, univers poétique, comptines des enfants.
Exemple : La ratepelision élatelé enrap
□ Le mot-valise est un mélange de deux mots ayant des sons communs. Effets : poésie, cocasserie, humour.
Exemples : assassinge (assassin + singe), crotalimentaire (crotale + alimentaire = crotale comestible !)

Calembours de sons

Fondés sur la recherche de doubles significations, les calembours utilisent l'homonymie (mots dont les sons sont les mêmes mais la graphie et le sens différents, comme « temps » et « taon ») ou le jeu sur les articulations du langage.
Exemples : Crever un abcès au pus lent (opulent). M. Duchamp
J'ai eu le dos scié (le dossier).

Anagrammes et contrepèteries

□ L'anagramme est un mot obtenu par transposition des lettres d'un autre mot.
Exemple : arme/mare/rame.
□ Dans la contrepèterie, l'anagramme porte sur deux ou plusieurs mots.
Exemples : Bains de gros thé/grains de beauté.
Pomper les trous/tromper les poux/tromper l'époux.

Métonymie, synecdoque, hypallage

Dans le langage, comme dans la littérature, les mythes ou les contes, la synecdoque, la métonymie et l'hypallage apparaissent fréquemment. Elles appartiennent à des catégories logiques d'inclusion, de causalité, de déplacement de sens.

La métonymie

□ Définition. On appelle métonymie le remplacement d'un mot normalement attendu (A) par un autre (B), qui entretient avec le premier soit un rapport de contiguïté, soit un rapport de cause à effet. *Exemples :*

Contiguïté	Il fume la pipe.	Le contenant (B) pour le contenu (A).
	Le troisième violon de l'orchestre.	L'instrument (B) pour la personne qui le tient (A).
Cause à effet	Aimez-vous le gruyère ?	Le lieu de production (B) pour le produit (A).
	Du sud à l'aquilon, de l'aurore au couchant. (Lamartine)	L'effet vent (B) pour le lieu (le nord) et l'effet aurore (B) pour le lieu (l'est).

Effets. Beaucoup de métonymies ne sont plus perçues comme telles puisqu'elles font partie du langage courant. Les autres contribuent à renouveler la vision.

La synecdoque

□ Définition. On appelle synecdoque le remplacement d'un mot normalement attendu (A) par un autre (B), selon un rapport d'inclusion entre A et B. *Exemples :*

L'ardoise ne se regrette jamais (publicité).	Le tout ardoise (B) pour la partie toit d'ardoise (A).
Lille a gagné.	Le tout Lille (B) pour la partie équipe sportive (A).
Nous repousserons l'ennemi.	La partie (singulier) pour le tout (on attend le pluriel).
La foule était habillée de laine.	Le tout (la matière) pour la partie (vêtements de laine).

Effets. Quand la partie exprime le tout, la synecdoque a un effet de zoom, d'un plan général à un gros plan. Dans le cas inverse, on obtient de curieux effets de mise à distance (Ex. : l'être humain au lieu de la femme).

L'hypallage

□ Définition. L'hypallage est un écart de style par déplacement. On attribue à un mot de la phrase ce qui conviendrait à un autre.
Exemple : Ce marchand accoudé sur son comptoir avide. Hugo
On attend, normalement, le « marchand avide ».
□ Effets. L'hypallage, « erreur » voulue, crée des effets incongrus, par exemple de personnification d'objets (le comptoir avide), de court-circuit entre deux réalités...
   Il est souvent proche de la métonymie (cause/effet) : si le comptoir devient avide (effet), c'est parce que l'avidité du marchand déteint (cause) !

Ponctuation

> Aussi nécessaire dans les textes que les bornes sur les routes, la ponctuation compense la disparition des pauses et des intonations à l'oral. Son emploi est très codifié.

La ponctuation en fin de phrase

Signes	Utilisation
.	Le point indique la fin d'une phrase déclarative. *Exemple* : Ses adversaires ne le ménagent pas.
!	Le point d'exclamation introduit des connotations nées du contexte (étonnement, surprise, sentiments…). *Exemple :* Ils sont fous ces Romains !
?	Le point d'interrogation introduit une question. *Exemple* : Quelle preuve peux-tu avancer ?
… !… ?…	Les trois points de suspension signalent que la phrase pourrait se prolonger ; au lecteur d'inventer. Ils suivent parfois le point d'exclamation ou le point d'interrogation. *Exemples* : Son oubli de son propre passé est fort curieux… Que n'ai-je acheté avant l'augmentation !…

La ponctuation dans la phrase

Signes	Utilisation
,	La virgule sépare les éléments d'une énumération, les compléments circonstanciels et les propositions qu'un terme de liaison ne relie pas. *Exemple* : Si, pour installer votre bibliothèque murale, vous avez planté cinquante chevilles, votre propriétaire n'appréciera pas. La virgule permet de détacher une apposition. *Exemple* : Rome, capitale de l'Italie, est une ville superbe.
:	Les deux points introduisent une énumération, une explication ou une citation. *Exemple* : C'est mal parti : il a déjà fait des dettes.
;	Le point-virgule marque un arrêt moins long que le point. *Exemple* : Ce sera fini dans un an ; sauf imprévu financier.
( )	Les parenthèses permettent d'intégrer une idée incidente, une définition, une référence. *Exemple* : La voïevodie (région) de Lodz détient le record du chômage (déjà 50 000 chômeurs).
« »	Les guillemets encadrent une citation. *Exemple* : Dans « Germinal », Zola évoque les mineurs.
—	Les tirets s'emploient pour mettre en valeur un mot ou une expression. *Exemple* : L'autre jour — c'était mardi, je crois —, il est revenu chez nous.

Registres de langue

Les expressions lexicales et syntaxiques des idées et des sentiments sont très variées. Leur choix dépend d'un milieu culturel, de la situation de communication et, surtout à l'écrit, des intentions de l'auteur. A ces conditions et à ces choix correspondent différentes façons de s'exprimer, les registres de langue.

Les trois registres de langue

A l'écrit, on distingue trois registres de langue.

1. Le registre courant (ou médian)

☐ Lexique : mots familiers compris sans difficulté par la plupart des francophones.
☐ Syntaxe : simple, elle reproduit, dans les propositions principales ou subordonnées, la structure de base du français : sujet + verbe + complément.
Exemple : Le bois est le combustible le moins coûteux, mais le chauffage au bois n'est valable qu'à la campagne : on peut facilement stocker les bûches.

2. Le registre soutenu

☐ Lexique : des mots rares, précis, originaux ou imagés, des écarts de style (métaphore, métonymies) apparaissent.
☐ Syntaxe : une syntaxe complexe, de longues phrases avec de nombreuses subordonnées apparaissent. Autre caractéristique : de nombreux écarts de style.

Mots très connotatifs — Antithèse

Énumérations —

Pierre Utard aime le sable, les galets, les pierres chaudes et les sources fraîches, la garrigue et l'olivier. Il n'aime pas les décombres, les faucons déchireurs, le gel de l'Esprit. Ses sculptures sont donc solaires et fraternelles.

Métaphores

3. Le registre familier

☐ Lexique : mots définis par le dictionnaire comme familiers ou même vulgaires et argotiques, expressions imagées et pittoresques.
☐ Syntaxe : la grammaire des… livres de grammaire est peu respectée. Elle ressemble à la grammaire du français oral (page 137).

terme vulgaire — pas de négation (« ne »)

— Deux ans m'sieur, le cul sur une chaise ! Vous croyez pas qu'ils sont complètement cons ?

Construction libre

C. Duneton, *Je suis comme une truie qui doute*, Éd. du Seuil, 1976.

Le jeu des registres. Où, quand les utiliser ?

☐ Le même texte peut faire appel à plusieurs registres.
Exemple : dialogues familiers et récits au niveau soutenu (romans, articles).
☐ Le choix d'un registre non adapté à la situation crée la rupture comique.
Exemple : Queneau décrit la fabrication du polystyrène en vers alexandrins.

Signe linguistique

Les linguistes préfèrent parler de signes linguistiques que de mots. Les premiers, en effet, peuvent être rigoureusement définis. Aux seconds, ils accordent un sens surtout typographique : le mot est un assemblage de lettres entre deux blancs.

Les deux aspects du signe linguistique

□ Définition. Le signe linguistique est la plus petite unité de sens d'une langue.
Exemples : « bouleau », « elle », mais aussi « -s » (indication du pluriel) ou « -ez » (désinence verbale) sont des signes.

Les deux aspects du signe. Le signe linguistique (S) est fait de l'union d'un signifiant (SA) et d'un signifié (SÉ).

On écrit :

$$S = \frac{SA}{SÉ}$$

□ Le signifiant est l'ensemble des sons qui constituent le signe. Il joue le rôle d'un signal sonore. A l'écrit, le signifiant devient un ensemble de lettres : il est visuel.
□ Le signifié est l'idée à laquelle le signifiant renvoie, dans l'univers de la pensée.
Exemple : le signifiant /FuRyR/ suscite le signifié « fourrure », l'idée de « fourrure ».

Les rapports entre le monde et les signes linguistiques

□ Beaucoup de signes désignent des êtres, des choses qui existent concrètement, qui ont un référent. Dans ce cas, on a le trajet suivant de la signification :

Référent : l'animal lui-même	SA : sons du signe /iRɔdɛl/	SÉ : image mentale, idée « hirondelle »

□ Pour les signes abstraits, il faut postuler plusieurs référents et un travail mental d'abstraction.
Exemple : le signe « liberté » se réfère à des expériences concrètes de la liberté, aux textes qui en parlent, aux systèmes qui essaient de la définir.
□ Le signifiant ne ressemble pas au référent. On dit que leur rapport est arbitraire.

Le signe linguistique et les hémisphères cérébraux

□ Selon des recherches récentes, l'hémisphère droit est celui de la perception des sons, de la musique, des images. C'est en somme l'hémisphère du signifiant.
□ Inversement, l'hémisphère gauche semble être celui du langage et de la pensée abstraite, du signifié.
Conséquence : on facilite la communication en illustrant le texte, en soignant la mise en page, en évitant les mots abstraits.

Style

> L'usager du français perçoit la différence entre un texte conforme par ses mots et ses phrases aux normes de la grammaire et du lexique, et un texte qui s'en écarte. Le premier est normal. Et le second ?

La phrase normale et la phrase anormale

☐ Un énoncé est considéré comme normal lorsqu'il respecte la norme de la langue, c'est-à-dire :

— sur le plan grammatical, la structure simple sujet + verbe + complément (ou adjectif attribut, ou adverbe) ;

— sur le plan lexical, l'emploi de termes usuels et attendus à cette place.

Exemple : Les matériaux modernes remplacent le bois.

     Sujet   verbe complément

☐ Dès qu'on abandonne ce schéma, on crée des écarts.

Exemple :

D'autres, plus jeunes , avec des gorges gonflées de guerrières, brandissaient des bâtons ; tandis, que les vieilles , affreuses, hurlaient si fort que les cordes de leurs cous décharnés semblaient se rompre.

                         E. Zola

  Métaphores   Antithèse (jeunes/vieilles)   Comparaison

Les écarts font le style

Le style naît de l'accumulation des écarts. Quand ces écarts sont banals, peu justifiés, ridicules, le style est pauvre ou mauvais. Le bon style, au contraire, produit des effets inattendus qui déclenchent l'émotion ou la réflexion.

Exemple : texte de La Bruyère.

Écarts dans le choix des mots	Texte	Écarts dans la combinaison des mots
Pas d'écart	J'entends Theodecte de l'antichambre.	Pas d'écarts
Métaphore et hypallage	Il grossit sa voix à mesure qu'il approche. Le voilà entré :	
Métaphore et hyperbole	Il rit, il crie, il éclate :	Gradation ascendante
Métaphore	on bouche ses oreilles, c'est un tonnerre.	Ellipses

Ces écarts suscitent des connotations qui enrichissent le texte. L'art de La Bruyère apparaît encore mieux si l'on compare ses phrases aux phrases normales attendues, très pauvres : « J'entends Theodecte depuis l'antichambre. Sa voix semble devenir plus forte à mesure qu'il approche. Mais il vient d'entrer. Il rit, il crie et sa voix est éclatante. Il faut se boucher les oreilles tellement il fait de bruit. »

Techniques de l'insistance

La fatigue, la distraction, la rêverie du lecteur nuisent à la réception du message écrit. Il faut donc vaincre ces résistances, ces « bruits » en utilisant des procédés d'insistance.

La redondance est nécessaire

☐ La redondance, dont la théorie de l'information reconnaît la nécessité, correspond à un surplus et à une répétition d'informations. La redondance linguistique tient à la structure même de la langue. Ainsi, dans la phrase « nous partirons pour Strasbourg le lundi 18 décembre », on détecte deux marques du pluriel au lieu d'une et une répétition implicite (le calendrier indique lundi pour le 18 décembre !).
☐ Mais la redondance peut être volontaire.

	Procédés utilisés	Exemples
La phrase emphatique	Elle permet d'insister sur un élément pour le mettre en évidence, soit en le détachant en tête de phrase, soit en utilisant le présentatif « c'est... que ou qui ».	Moi, je ne viendrai pas. C'est moi qui l'ai décidé.
L'article de presse	Le titre, le chapeau, l'article lui-même, la photo ou le dessin répètent la même information, telle quelle ou en la modulant.	Titre de presse : Il court le survêt. Chapeau : Le survêtement est l'uniforme du jogging.
Techniques du soulignement	Dans un texte imprimé, la typographie peut contribuer à la redondance : capitales, italiques, caractères gras ou extra-gras, flèches, traits.	Très utilisé dans les écrits didactiques.

Les techniques de la répétition

	Définition et nature du procédé	Exemples
Répétition d'éléments	On répète un mot, un groupe de mots, quand c'est nécessaire à la compréhension et au soulignement.	Il faut vaincre, vous dis-je. Vaincre votre peur.
Anaphore	Répétition d'un ou de plusieurs mots en début de phrases ou de propositions qui se suivent. Effets : insistance pressante, martèlement.	Tu sors dans une lumière pâle. Tu ouvres la portière de ta voiture, tu montes et tu t'asseois.

Accumulations et gradations

☐ L'accumulation est une succession de mots ou de groupes de mots de même nature grammaticale. Effets : abondance, variété...
Exemple : Rondes de voitures, trompettes, tambourins et youyous...
☐ La gradation est une accumulation selon une progression. Quand chaque terme apporte un complément de signification au précédent, la gradation est ascendante. Dans le cas inverse, elle est descendante.
Exemples : Il les a vus, écoutés, dénombrés, classés, analysés (gradation ascendante).
Un cycliste, un chien, une fourmi l'intéressaient (gradation descendante).

Ton d'un texte

Un texte littéraire peut agir sur la sensibilité et l'état d'esprit des lecteurs par son ton, c'est-à-dire l'impression dominante qui s'en dégage : le ton comique égaie le lecteur, le ton tragique l'inquiète, le peine, le rend triste.

De quoi dépend le ton d'un texte ?
□ Le ton d'un texte dépend du genre (comédie, épopée, roman) qui impose ses lois, de la situation de communication (dialogues, récit, confidences), des personnages (surhommes de l'épopée, sentiments « sublimes » des héros cornéliens, ridicule des marionnettes de Ionesco), de la conception du monde développée (optimisme, absurde), de l'écriture (style de groupe) et du style (choix des mots, écarts de style...).

Le ton comique
□ Pour provoquer le sourire et le rire, les moyens sont variés :
— comique de mots (jeux sur les mots, leurs sonorités, calembours) ;
— comique de situation (quiproquos, situations inattendues, cocasses...) ;
— comique de caractère (peinture de la passion, exclusive et mécanique).

Le ton tragique
□ Lorsqu'il y a risque de grave maladie, d'accident, de mort, le ton tragique correspond à l'atmosphère de tension, de menace. Il convient au théâtre mais aussi au récit et à certains reportages. Les mots lourds de sens, les écarts de style sont de rigueur.

Le ton pathétique
□ Très proche du tragique, le pathétique est lié au triomphe inéluctable du Destin sur les héros les plus nobles, les plus courageux. On sent qu'il n'y a plus d'issue. *Exemples :* la tragédie racinienne, les pièces de Samuel Beckett.

Le ton épique
□ Le héros d'épopée incarne des formes divines ou des valeurs morales et sociales, d'où sa psychologie élémentaire, ses exploits surhumains. Le merveilleux intervient.

Le ton lyrique
□ La poésie est le meilleur lieu pour le lyrisme. L'auteur parle souvent de lui, confie ses émois et ses espérances, son malheur ou sa joie. Exclamations, périodes, écarts de style se succèdent. L'auteur lyrique peut aussi se faire le porte-parole d'émotions collectives (patriotisme, révolte, célébrations, etc.).
□ Le conte, mais aussi la nouvelle, le roman et les œuvres autobiographiques peuvent avoir un ton lyrique et confidentiel.

CORRIGÉS

■ **Page 7**
Ouvrir un récit

1 Les types de débuts

Début du	A	B	C	D	E	F
récit 1	+	+			+	
récit 2	+	+				+
récit 3			+		+	
récit 4		+				+
récit 5	+			+	+	

2 Le vocabulaire

Jeanne, ayant fini ses malles, s'approcha de la fenêtre. La nuit semblait enfin se dissiper et, au ras des toits, le ciel bas s'éclaircissait. L'averse avait cessé mais, devant les maisons, de véritables ruisseaux emplissaient les rues et le vent soufflait en rafales. « Tant de pluie depuis tant de semaines... La terre pourra-t-elle tout boire ? » murmura Jeanne.
Sept heures sonnèrent au clocher du couvent : Jeanne ne pouvait plus rêver ! Même gris et menaçant, il fallait cueillir ce jour, ne pas laisser passer la dernière chance. Comme elle se retournait, son regard tomba sur le calendrier mural. Elle sourit puis, sans hésiter, prit dans son sac le crayon qu'elle aimait tant, et cercla la date de son départ : 14 décembre 1926. Elle s'aperçut alors qu'elle avait oublié de ficeler le petit carton. Elle répara cet oubli avec fébrilité : elle ne s'interrogeait plus, elle craignait maintenant d'être en retard !

■ **Page 11**
Le narrateur

1 Qui parle ?

Le narrateur s'adresse au lecteur (« si vous le compariez... vous trouveriez ») : ton de la confidence, implication du lecteur invité à visiter cette pièce.

Effets du milieu sur les personnages : cette pièce « donne froid, est humide au nez, pénètre les vêtements ». De plus, par ses connotations d'« office » et d'« hospice », elle doit influer sur le caractère des pensionnaires.
Effets des personnages sur le milieu : l'humidité des rhumes, les odeurs de chacun influent sur cette pièce, accroissant sans doute le taux hygrométrique et la puanteur ambiante.

2 L'évocation

La scène est vue en plan panoramique mais le narrateur s'arroge le pouvoir d'observer un timon, un haillon, un collier : effets de zoom. En fait, il est omniprésent et tout-puissant : c'est un cas de focalisation zéro.
Les noms utilisés sont d'une grande précision : « timon, angle, boules de verre, filets, roues hydrauliques. » Les verbes sont descriptifs et suivent les mouvements du regard. Trois adjectifs soulignent les éléments inquiétants ou insolites : « vagues, sombre, gigantesques ». Trois comparaisons (« comme de gros diamants », « comme des chauves-souris », « à la manière des autruches ») soulignent l'étrangeté nocturne.
La civilisation antique de Carthage est évoquée par le « timon d'un char », le « collier d'or à la poitrine d'un dieu », les temples, le nom « Malqua », les roues hydrauliques, les palais et les chameaux. En somme, les lieux et les choses font évoquer une époque, ses mœurs, ses croyances, ses classes dirigeantes, sa technicité.

3 Le texte en focalisation externe

Ils ont dîné place Clichy. Puis bu une bouteille de champagne. « En l'honneur de mon départ à l'armée », a dit Jean-Pierre d'une voix mélancolique.
Vers 23 h, un taxi les a conduits à la gare de l'Est et la main de Béa s'est glissée dans la sienne. Renaud aperçut le geste et sourit. Ils ont pris un dernier verre et gagné le hall. Leur visage était triste.
Des cohortes de jeunes gens stagnaient sous les lumières blêmes des néons, auprès de leurs vali-

ses. Le train partait à 23 h 57. « Montherlant aussi a connu ces départs à la gare de l'Est, dit Jean-Pierre. Mais c'était pour aller à la guerre. Moi, je vais simplement rejoindre la BA 124 à Entzheim. Il ne faut pas trop se plaindre ! »
La main de Béa restait accrochée à celle de Jean-Pierre. « Quelle tristesse, dit-elle soudain. Reste un jour. Tu prendras le train demain et tu leur diras que tu étais malade.
— Ton idée est irréfutable, dit Jean-Pierre ! »
Ils ont quitté la gare, bu des cocktails sur les Champs-Elysées, marché dans Paris où patrouillaient des hordes japonaises. A trois heures du matin, ils ont laissé Renaud rue de l'Université et se sont retrouvés dans une chambre de la rue Vaneau.

Remarques sur les transformations
Il faut changer les pronoms, passer de « nous » à « ils ».
Les sentiments doivent être exprimés pour que le narrateur puisse les rapporter objectivement (exemple : l'allusion à Montherlant).

■ **Page 13**
Le genre du récit

1 **Les genres**

Récit autobiographique
L'orage m'avait pris de plein fouet avant que j'atteigne le col. Eau furieuse et grêlons drus sur le pare-brise. Les essuie-glace s'affolaient et crissaient sous les rafales. Malgré les pleins phares, je voyais à peine la route et les sapins, que je sentais agités de terribles secousses telluriques. J'ai décidé de stopper et d'attendre.
C'est à ce moment-là qu'elle apparut. Elle était debout, à quelques mètres de la voiture. Dans l'étrange lumière mauve, ses longs cheveux noirs aplatis par la pluie semblaient couler sur ses joues et ses épaules. Son poncho vert sombre, couleur des sapins, ne m'avait pas permis de l'apercevoir plus tôt. Émouvante et pitoyable, elle tendait machinalement le bras. Pour faire du stop !
Sans trop réfléchir, intrigué par cette apparition stupéfiante en ce lieu et par ce temps, j'ai ouvert rapidement la portière à ma droite. Elle a couru jusqu'à moi, s'est penchée pour me parler : « Vous allez à Clermont ? »

Récit réaliste
L'orage surprit Gilles dans la montée vers le col. D'abord le crépitement métallique des premières gouttes puis l'ondée, les éclairs, les grondements du tonnerre.

« Un vrai de vrai, se dit-il, je vais prendre du retard ». Prudemment, il rétrograda en seconde.
Les essuie-glace balayaient rapidement la vitre mais il pleuvait maintenant si dru que la visibilité était de plus en plus précaire. Gilles préféra s'arrêter.
C'est alors qu'il aperçut, à quelques mètres en avant, sur le bord de la route inondée, une jeune femme debout sous la tornade. Vraisemblablement, elle s'était laissé surprendre par l'orage. Protégée par un poncho vert, les cheveux ruisselants et plaqués sur ses joues, elle tentait de faire du stop et tendait la main gauche, le pouce conventionnellement dressé.
Gilles baissa la vitre et elle s'avança.
« Vous allez à Clermont ? demanda-t-elle.
— Oui, montez vite ! » Et il ouvrit la portière.

Récit fantastique
Depuis son départ de La Chaise-Dieu, Gilles sentait monter cet orage dans le ciel mauve et noir investi de nuages bas et lugubres.
Passés la scierie et le grand virage d'où l'on aperçoit la silhouette massive et rude de l'abbaye, on arrive très vite au col. C'est là que l'orage a éclaté, dans la brutalité des éclairs et des rafales. Les premières énormes gouttes et, très vite, les grêlons métalliques, les essuie-glace essouflés ; Gilles a passé la seconde. Maintenant, il distingue à peine la route inondée qui fume, les sapins qu'il sent agités de remuements tectoniques. Les glaçons tambourinent sur le capot, il suffoque dans son habitacle moite, l'électricité le traverse. Il faut stopper.
Bien l'en a pris. A quelques mètres en avant, un sapin s'est abattu et s'est fracassé dans une flaque glauque. Et des nuages courent au ras de la route, s'y bousculent comme des navires démâtés. Gilles entend des craquements et des cris, voit défiler des ombres fantastiques. Comme si *la Danse macabre* qu'il a revue à La Chaise-Dieu se continuait ici.
C'est bien un appel maintenant. Quelqu'un a frappé à la vitre, une jeune femme ruisselante d'eau, à peine protégée par un caban noir. Jamais Gilles n'oubliera, si près du sien, ce visage de madone triste, ces yeux sombres et profonds de princesse lointaine.
« Une auto-stoppeuse égarée », a pensé Gilles. Il a ouvert la portière avant, l'a invitée à monter. « Jamais à la place du mort », a-t-elle dit dans un sourire énigmatique. Elle a ouvert la portière arrière, s'est installée, a murmuré : « C'est mieux que dehors ».
Gilles s'est tourné vers elle.
« Je peux vous conduire à Clermont.
— Je descendrai peut-être avant, a répondu la fille, Robert de Turlande m'attend. J'ai promis...

Je vous dirai... De la route, vous apercevrez une chapelle en ruines ».

L'orage a perdu sa vigueur. Soudainement et sans raison. Gilles constate que le sapin abattu n'occupe qu'une moitié de la chaussée. Il démarre et amorce la descente vers Saint-Germain. « Robert de Turlande... C'est ce noble auvergnat qui, en 1043, s'est retiré dans la contrée et s'est construit une cabane d'ermite, la première Casa Dei, la Chaise Dieu. Cette fille est folle », pense Gilles.

Le paysage s'éclaircit, les sapins se calment et les gouttes deviennent intermittentes. Sur la route mouillée, les pneus chuintent amicalement. Gilles peut accélérer. Il a repris son calme, il conduit d'une main. Il regarde le rétroviseur. « C'est incroyable, se dit-il, elle a changé de visage ! » Sa pâleur est extrême, presque cadavérique, ses yeux fixent Gilles mais restent étonnamment immobiles. Ses lèvres remuent imperceptiblement mais aucune parole n'en sort. Et voici qu'elle a joint les mains et les a élevées à la hauteur de sa bouche. Horrible vision : ces mains, rouges, dégoulinent de sang. Le caban noir en est inondé.

Gilles a freiné en catastrophe, évitant de peu l'accident. Il a immobilisé la voiture et s'est retourné. Seul le caban est resté : la fille a disparu. Gilles s'est retrouvé sur la route où, titubant, il a bu les dernières gouttes de l'orage. Au loin, dans une clairière vaporeuse, à travers une brume légère et violette, une forme bleue s'estompe et disparaît.

Récit... policier

L'orage, qu'il sentait approcher, prit la voiture de plein fouet lorsque Gilles Maublanc eut atteint le sommet du col. D'abord un crépitement métallique sur le capot puis l'ondée, les éclairs, le tonnerre. La pluie et les grêlons assaillent le véhicule. Il faut stopper.

« Ma journée est foutue, mes essuie-glace sont fatigués et le lascar m'a échappé pour longtemps, se dit Gilles. La routine », ajoute-t-il ironiquement.

Il revoit la scène : l'homme qu'il filait, et qui ne semblait pas s'être méfié, avait pris ses jambes à son cou, tourné à droite, escaladé un mur. Plus personne. Le détective était refait. Mieux valait repartir vers Clermont.

La pluie redouble, si drue qu'elle fait disparaître la route. Stoïque, Gilles Maublanc s'étire, ouvre la boîte à gants, en tire un cigarillo et presse l'allume-cigares.

C'est à l'instant précis où il entend le déclic et qu'il va allumer son cigarillo qu'il distingue une cahute sombre, un peu à l'écart de la route, dans les sapins. Et dans la cahute, debout face à lui,

protégé par un imperméable trop long, ses rares cheveux plaqués sur son crâne mouillé, le type...

« Inouï... Si je m'attendais, murmure le détective. Il est fou ou écolo ? »

Attention... L'homme garde obstinément la main droite dans la poche. Gilles Maublanc préfère armer son pistolet : on ne sait jamais !

2 Le récit fantastique

En face de moi, devant la cheminée, je voyais un être complètement nu qui était un vieux homme grand et courbé, de la maigreur la plus extrême, d'une pâleur sale que la braise échouait à rosir. L'être nu tenait à la hauteur de sa poitrine un objet où régulièrement il portait la main et qui se révéla, quand l'homme se fut tourné un peu, être une tête coupée de vieille femme, — fraîchement coupée, jugeai-je, d'après l'aspect sanguinolent de la section — tête à laquelle il arrachait, de la façon exacte dont on plume une volaille, des poignées de longs cheveux gris qu'il projetait sur le brasier en boules crépitantes. Des touffes de crin blanchâtre hérissaient son épiderme plaqué sur les os des côtes, et l'horreur était à son comble quand je voyais, à certains moments, approcher de son sein la tête coupée pour lui faire subir une friction rapide où se mêlait le poil avec les cheveux — ce dernier geste rappelant d'ailleurs celui du mitron qui roule un morceau de pâte sur son torse nu — si étroitement qu'il s'arrachait aussi toujours quelque chose de l'un ou des autres quand l'homme revenait à son premier mouvement.

A. Pieyre de Mandiargues, *Soleil des Loups*,
Gallimard, 1951

3 La transformation

Récit historique

A peine endormie depuis une heure, elle avait entendu des cris aigus derrière les portes et les épaisses tapisseries de sa chambre. Elle ordonna à ses femmes de faire entrer ; et la duchesse de Chevreuse, en chemise et enveloppée dans un grand manteau, vint tomber presque évanouie au pied de son lit, suivie de quatre dames d'atours et de trois femmes de chambre. Ses pieds délicats étaient nus, et ils saignaient, parce qu'elle s'était blessée en courant ; elle criait, en pleurant comme un enfant, qu'un coup de pistolet avait brisé ses volets et ses carreaux, et l'avait blessée. (...) Elle avait ses cheveux dans un grand désordre et tombant jusqu'à ses pieds : c'était sa principale beauté, et la jeune Reine pensa qu'il y avait dans cette toilette moins de hasard que l'on ne l'eût pu croire.

« Eh ! ma chère, qu'arrive-t-il donc ? lui dit-elle

avec assez de sang-froid. Il est probable que si l'on en veut à quelqu'un ici, c'est à moi ; tranquillisez-vous.

— Non, Madame, sauvez-moi, protégez-moi ! c'est ce Richelieu qui me poursuit, j'en suis certaine. »

Le bruit des pistolets, qui s'entendit alors plus distinctement, convainquit la Reine que les terreurs de Mme de Chevreuse n'étaient pas vaines.

« Venez m'habiller, madame de Motteville ! » cria-t-elle.

Mais celle-ci avait perdu la tête entièrement et, ouvrant un de ces immenses coffres d'ébène qui servaient d'armoire alors, en tirait une cassette de diamants de la princesse pour la sauver, et ne l'écoutait pas. Les autres femmes avaient vu sur une fenêtre la lueur des torches.

A. de Vigny, Cinq-Mars, 1826

Récit de science-fiction

A peine endormie depuis une heure, elle avait entendu des bruits métalliques, des grincements et comme des coups sourds de gong derrière les portes de fer et les épaisses cloisons de sa chambre. Elle ordonna à Prudence, sa servante zélée, de faire entrer ; la jeune femme blonde qu'elle avait rencontrée sur le vaisseau Adamastor 1003 et avec qui elle avait eu une conversation sur les variations génétiques programmées, en tenue négligée et enveloppée dans un grand burnous saharien, vint tomber presque inanimée au pied de son lit, suivie de quatre autres jeunes personnes dans une tenue similaire, visiblement épouvantées, et de trois horribles homoncules qui gesticulaient et caquetaient dans un idiome guttural qui ne rappelait aucune langue connue. Ses pieds délicats étaient nus, et ils saignaient, parce qu'elle s'était meurtrie en courant ; elle criait, en pleurant comme un enfant, qu'un être à tête de requin vêtu d'une combinaison argentée et qui émettait des ondes assourdissantes et des rayons rougeoyants avait brisé ses miroirs à pulsars et ses boucliers anti-lasers, et l'avait blessée… Elle avait ses cheveux dans un grand désordre et tombant jusqu'à ses pieds : c'était sa principale beauté, et Marina pensa qu'il y avait dans cette toilette moins de hasard que l'on ne l'eût pu croire.

« Eh ! ma chère, qu'arrive-t-il donc ? lui dit-elle avec assez de sang-froid. Il est probable que si l'on en veut à quelqu'un ici, c'est à moi ; tranquillisez-vous.

— Non, ma chère amie, sauvez-moi, protégez-moi ! c'est ce démon terrible et impitoyable qui me poursuit et veut m'emporter je ne sais où, j'en suis certaine. »

Le bruit des ondes assourdissantes que continuait sans doute à émettre l'être à tête de requin, qui s'entendit alors plus distinctement, convainquit Marina que les terreurs de la jeune femme n'étaient pas vaines.

« Prudence, apportez-nous vite les combinaisons neutralisantes ! » cria-t-elle. Mais celle-ci avait perdu la tête et, ouvrant l'un de ces coffres qui servaient de bagages sur Adamastor 1003, en tirait une cassette de perles de la Mer du Ponant pour la sauver, et ne l'écoutait pas. Les autres femmes avaient vu sur une fenêtre la lueur des rayons rougeoyants.

■ **Page 23**
Écrire un dialogue

1 Le discours indirect

Je n'hésitai plus. Je rappelai à Marie-Louise que son père connaissait tous les gens qui embauchent sur les quais puis, m'adressant à Lucien, je lui suggérai de demander au père de Marie-Louise de l'aider à trouver du travail. J'ajoutai que c'était une solution provisoire, que je savais qu'il en était capable et qu'ainsi il nous sauverait. Marie-Louise, la bouche ronde, refusa cette solution. Tout bas, Lucien refusa lui aussi.

Par-dessus la table, il agrippa le col de ma blouse et dit qu'il voyait que madame ou plutôt mademoiselle – c'est moi qu'il désignait ! – avait appris ce qu'est une grève, un chômeur, un travailleur. Que c'était sa nouvelle religion. Qu'alors, pour son confort moral, elle imaginait d'avoir un prolétaire au sein de la famille. Que c'était plus facile que de le devenir soi-même. Puis, reprenant le tutoiement, il me demanda pourquoi je n'avais jamais travaillé comme les autres, quelle excuse j'avais, si c'était pour l'élever. Il dit que je me mentais à moi-même. Il ajouta que, si c'était pour l'élever, il ne voyait pas pourquoi, aujourd'hui, je l'envoyais sur les quais. Cela lui paraissait un peu tard et il se demandait pourquoi je ne l'avais pas fait quand il avait seize ans. Et, d'un seul trait, il dévida ses rancunes.

« On m'a mis au collège. Au début, oui, au début j'ai été heureux. Mais plus tard ? Votre vanité, je l'ai payée cher ! »

Remarque : le passage au discours indirect oblige à l'emploi de verbes de présentation, aux changements de temps et de personne.

2 Les entours du dialogue

Informations relevées	Leur nécessité
Un regard à la dérobée	Plutôt inattendu : est-il gêné ? Que va-t-il ajouter ?
Elle l'inter-rompit... louange	Sans doute n'en est-ce pas une : « croyant » marque son illusion.
à voix basse	Précision sur les intonations et la recherche d'intimité
Elle appro-cha... ...apporté	La scène se passe dans une pâtisserie. Transition.
avec étonnement	Rose a cru qu'il pensait... à elle ! Va-t-il s'expliquer ?
vivement	Connotation : c'est un repro-che. Que cache-t-il ?
Elle ne le quittait pas des yeux. Il perdait pied.	Les significations du dialogue soulignées : Rose commence à comprendre et Robert est gêné de ce qu'il a dit et va dire.
Elle cacha... ... pâle	Elle a compris : ce sont bien des reproches qui prouvent qu'elle lui plaît moins qu'avant.

■ **Page 39**
Créer un calligramme

1 Inventer

2 Transformer
La colombe poignardée et le jet d'eau

Apollinaire, « Étendards », *Calligrammes*, Gallimard.

3 Typographie
Corrigé inutile !

Analyse
1. A = Surtitre, titre, chapeau.
B = Informations techniques avant le début de l'article.
C = « Hier soir à Rome » (paragraphe 1), ambiance du stade (paragraphe 2) : en discontinu.
D = Du second paragraphe au dernier. Temps forts et péripéties indiqués.
E = Retour en arrière dans le paragraphe 1 (évocation du stade du parti fasciste).
F = En discontinu : jugements fréquents sur le « sinistre rendez-vous de l'histoire » (paragraphe 1), le public « Vésuve humain », la « frappe somptueuse » de Carnevale, le « brio » de Lindenberger, Vialli le « renard », l'hypothèse de l'erreur autrichienne (paragraphe 3), etc.
G = Sous la forme de l'allusion à la suite du Mondiale dans le dernier paragraphe.
H = La photo légendée.

2. L'ordre est le suivant : A + B + E + (C, D, F mêlés), G, H.
L'allusion à un sinistre passé (E) introduit un suspense.

C, D, F entremêlés : rien que de plus normal dans un récit forcément linéaire, au rythme du match.
3. Le surtitre inclut l'article dans une rubrique, le titre connote la faible performance italienne et le chapeau en précise la cause : le « manque de réalisme ». « Italie-Autriche (1-0) » est un soustitre précis. L'intertitre sert de relais au chapeau et résume à sa façon le match. Ce circuit court suffit au lecteur pressé. Remarquer la variété typographique et le bon détachement du titre.
4. Le titre est à la fois elliptique (pas de verbe) et métaphorique : les Azzuri (= bleus) ont joué de manière décevante (terme « mineur »).
Dans l'article dominent les métaphores du combat, comme dans la plupart des articles sportifs. La ruse a besoin d'un « renard des pelouses », la force s'exprime par le « réglage de la hausse » (on s'apprête à… tirer), le « boulet » d'Ancelotti… Quant au public, il constitue un « Vésuve humain » par sa chaleur, sa fougue (et le Vésuve est italien). Le « cratère » ne peut qu'« exploser », de cris et d'encouragements fort heureusement. À la fin, le stade « chavire de bonheur », tel un bateau… heureux : l'image est métonymique. Les phrases sont tantôt longues et tantôt courtes, parfois elliptiques : cette variété facilite la lecture.

1 **Trouver des titres et des intertitres**

Titres interrogatifs	Suicide : mourir à 16 ans		Aimez-vous les frites ?	
Titres exclamatifs	Marseille champion !		Il faut relire Balzac !	
Titres utilisant les deux points (:)	Justice : 20 ans pour le beau Tatave		Lourtic : je voulais être champion	
Titres paradoxaux	Vive l'impôt !		Et la délinquance sénile ?	
Titres parodiques	Voyage au centre de la mer		Le fils de pub se souvient	
Titres à néologismes	Comment on devient pubophile		Mohamed l'ayotolard de la prison	
Titres ludiques	Véliplanchistes : la vague à l'âme		Maradona : le sacre en poudre	
Titres à écarts de style	L'ordinateur de mauvais poil : nuit blanche à Orly		Tony Hillerman, le sorcier du polar	

2 Circuit court

Surtitre : Football : Coupe de France
Titre : UN QUART D'HEURE DE TROP
Chapeau : Les Lyonnais ont longtemps mené 2 à 1. Mais ils ont encaissé deux buts dans le dernier quart d'heure !
Intertitres :
Saint-Seurin-Lyon : 3 à 2 (pour les informations techniques)
Un quiproquo ennuyeux : Saint-Seurin marque !
Gardez-vous à droite !
Le réveil des sans gloire

3 La Sologne

Surtitre : Entre Loire et Cher
Titre : LA RÊVEUSE SOLOGNE, PAYS DE RABOLIOT
Sous-titre : Étangs, forêts, villages secrets
Chapeau : De la Loire au Cher, d'Orléans à Vierzon, la Sologne est un pays d'argile et de sable, de forêts et d'étangs. L'arrière-saison y est douce et radieuse, lorsque les rayons dissipent les brumes. La chasse à courre et la pêche bien sûr... Mais la Sologne, ce sont aussi Chambord et Cheverny, l'architecture paysanne, les villages aux simples églises, des musées passionnants, une gastronomie variée et gourmande.
Intertitres :
Sur les pas de Raboliot
La terre, l'eau et les brumes
"Aux lisières lointaines, les cerfs ont bramé"...
Quand les "messieurs de Paris" chassent à courre
La sublime terrasse de Chambord
Cheverny : la pureté du classicisme
Maisons de torchis et manoirs invisibles
A Romorantin, n'oubliez pas le Musée de Sologne
Aimez-vous la grive et la carpe ?

4 Une évasion

Surtitre : Jeudi : Évasion à Clairvaux
Titre : Le détenu ne s'est "absenté" que pour quelques heures
Sous-titre : Alain Baudry, évadé à 16 h 30, est repris dans la soirée !
Intertitres :
Six ans de prison pour un hold up
Jeudi après-midi : Baudry fait le mur et prend un taxi
Jeudi soir : fin de partie

■ **Page 61**
Trouver un plan

1 Plan de rapport

Voici un plan d'article de presse. Il utilise toutes les informations données et quelques données complémentaires faciles à trouver. Les sous-titres du plan pourraient servir d'intertitres à l'article.

1. Une initiative incongrue ?
• Qu'est-ce que le C.T.T.A. ?
• Succès de ces stages, notamment chez les jeunes
• Les Lorrains les premiers

2. Des ringards ?
• La sylviculture est devenue une industrie :
— plantations linéaires ;
— engrais chimiques ;
— pratique des coupes rases ;
— emploi d'ouvriers immigrés non qualifiés.
• N'est-ce pas inéluctable ?
• Le tracteur permet la rapidité du débardage.
• Utiliser le cheval, c'est refuser l'efficacité !

3. Sylviculture industrielle : danger !
• Toute monoculture simplifie à l'extrême le paysage.
• Les tracteurs s'en prennent à l'environnement :
— ils écrasent les taillis ;
— ils écorchent les arbres ;
— ils sont bruyants ;
— ils sont polluants.
• Aussi, en Allemagne et aux États-Unis, leur emploi est interdit dans les forêts menacées par la pollution.

4. Et si le cheval sauvait la forêt ?
• Pour vendre des tracteurs, on l'a dénigré. Pourtant, il respecte l'environnement :
— il n'écrase pas les taillis ;
— ne s'en prend pas aux arbres ;
— il est silencieux ;
— il ne tasse pas les sols ;
• Pourtant, il est très performant :
— bonne adhérence aux sols mous et détrempés ;
— donc, pas de chômage technique ;
— mieux, il est créateur d'emplois.
• Un cheval, c'est plus agréable qu'un tracteur !

5. La solution : associer tracteurs et chevaux
• Le tracteur peut utiliser les chemins, sur sol stabilisé.
• Les chevaux le desservent.
• Ainsi le tracteur ne perd plus de temps et n'est plus en chômage quand le sol est trop mouillé.

2 Plan de notice scientifique

Les aérostats
Définition de l'aérostat
1.1. Structure d'un ballon
a) L'enveloppe
b) La nacelle et le filet
c) Le gaz et le lest.
1.2. Fonctionnement d'un ballon
a) Le principe d'Archimède
b) La force ascensionnelle
c) Pour monter, jeter du lest
d) Pour descendre, laisser échapper du gaz
1.3. Utilisation des ballons
a) Météorologie : ballons ouverts et ballons fermés
b) Domaine militaire
c) Domaine sportif
2.1. Fonctionnement d'un dirigeable
2.2. Utilisation des dirigeables
a) Domaine militaire : hier et aujourd'hui
b) Transports lourds et économies d'énergie
Conclusion : l'avenir des aérostats

Plan pour un article de presse
1. 1783 : l'étrange ballon des Frères Montgolfier
1.1. Merci à Archimède
1.2. Le ballon à air chaud
2. Des ballons pour le rêve
2.1. Au grand large... du ciel
2.2. Jules Verne nous émerveille encore
2.3. Montgolfières d'aujourd'hui
3. Les redoutables Zeppelin
3.1. Un jour, un dirigeable
3.2. Les Zeppelin font la guerre
3.3. 1937 : l'orgueilleux Hindenburg s'abîme dans l'Atlantique
4. Des ballons sympathiques
4.1. Ballons ouverts et ballons fermés de la météo
4.2. Des ballons pour les sportifs. Mais dans le ciel !
4.3. Des dirigeables écologiques

3 Sous-ensembles

1. Avez-vous besoin de maigrir ?
• Ne sacrifiez jamais à une mode.
• L'aide du médecin est indispensable.
• Perdre du poids exige plusieurs semaines.
2. Préservez votre équilibre.
• Les régimes sensationnels sont souvent déséquilibrés.
• N'oubliez jamais que l'organisme a toujours besoin :
— de protéines animales et végétales,
— de sels minéraux,
— de vitamines.

• Sans protéines, l'organisme utilise les réserves des muscles.
• Or, la fonte des muscles, c'est de l'autodestruction.
3. Méfiez-vous des sucres clandestins.
• Pâtes, riz, pain et pommes de terre sont riches en sucre.
• Jus de fruits et sodas sont très chargés en sucre.
4. Méfiez-vous des graisses clandestines.
• Les poissons gras contiennent plus de graisses que les viandes.
• Les charcuteries contiennent souvent 50 % de graisses.
5. Perdre de l'eau n'est pas maigrir.
• Bains de vapeur et sauna font-ils maigrir ?
• La perte d'eau fait perdre momentanément du poids.
• Malheureusement, elle compromet l'équilibre de l'organisme.
• Elle n'est jamais durable.

■ Page 67
Le plan pour discuter

1 Thèse - antithèse

1. Organisation du voyage
• Il est intéressant de préparer techniquement son voyage.
• Il est intéressant de préparer un itinéraire à partir des centres d'intérêt qu'on a choisis.
• L'utilisation de sa propre voiture est économique.
• On peut comprimer les frais : camping et non hôtels, repas pique-nique, etc.
2. Résolution des problèmes pratiques.
• Le planning qu'on a préparé doit être souple.
• Les problèmes rencontrés permettent de mieux connaître les mentalités.
• Apprendre à se débrouiller seuls, à parler une langue étrangère, c'est toujours gratifiant.
3. Aspects culturels.
• On voit l'essentiel et, quand on le veut, on approfondit.
• On échappe au minutage strict des visites guidées.
• On gère son temps selon l'intérêt culturel des visites, souvent découvert sur place.
4. Aspects sociologiques.
• Partir à plusieurs facilite le voyage et permet la convivialité.
• Nombreuses rencontres possibles dans le pays.

2 Thèse - antithèse - synthèse

Première question : compléter thèse et antithèse. (voir tableau en bas de page)

Remarque : l'utilisation des différents plans sert tantôt la thèse et tantôt l'antithèse. Aussi les oppositions thèse/antithèse ne sont jamais mécaniques.

Seconde question : synthèse orientée
On peut aboutir au plan suivant :
3. Synthèse : conditions nécessaires à une information véritable
3.1. Au niveau du destinataire :
a) Apprendre à voir dans une perspective critique (de la perception à la compréhension et au jugement).
b) Acquérir un minimum de connaissances en psychologie.
c) Apprendre à maîtriser le vocabulaire des spécialistes (hommes de science, économistes, hommes politiques, etc.)
d) Utiliser les possibilités de l'école et celles de la télévision elle-même pour cette éducation de base.
3.2. Au niveau du destinateur :
a) Utiliser un personnel et des créateurs qualifiés.
b) Leur donner toutes les garanties d'indépendance.
c) Exiger d'eux l'objectivité mais aussi... un effort dans l'élaboration d'émissions esthétiquement valables.
3.3. Conditions politiques de cette information véritable
a) Indépendance de la télévision à l'égard des pouvoirs établis.
b) Respect des différents courants d'opinion et des droits de tous les minoritaires.

■ Page 73
Savoir interroger

1 Questions/réponses

Le chandail à col roulé gagne lentement du terrain en face de la chemise portée avec cravate. Mais ne faudra-t-il pas attendre longtemps pour que les hommes se sentent à l'aise, bras et jambes nus, vêtus comme leurs ancêtres, de couleurs éclatantes ? Ils ont déjà repris la liberté de porter les cheveux à la longueur qui leur convient, ce qui n'est pas obligatoirement une preuve de dépravation. Mais l'opinion publique est-elle mûre pour une transformation que les fabricants de vêtements commencent à préparer ? Déjà, des tenues semblables convenant aux deux sexes sont vendues dans toutes les tailles nécessaires, le couturier Jacques Esterel, qui avait déjà proposé des costumes avec pantalons semblables pour homme et femme a été plus loin en fabriquant les mêmes robes longues, à toutes les heures du jour, pour le couple idéal. Cette initiative fut considérée en général comme une fantaisie sans conséquence, tant il est vrai que les idées sur la correction du costume masculin nées au XIXe siècle sont toujours considérées comme des vérités éternelles. Et si s'habiller avec une certaine fantaisie jetait encore un doute sur la qualité virile de celui qui ose se rapprocher de la frivolité un peu déshonorante du costume féminin ?

2 Questions posées

1re question : Celui dit complet est-il plus digeste que le pain blanc ?
2e question : Existe-t-il un pain allégé ?
3e question : Certaines personnes ne doivent pas en manger. Pourquoi ?

Différents plans	Thèse	Antithèse
Efforts du destinataire	Information directe, à la maison Information facile : lire le journal prend beaucoup de temps Informations agréables (séduction de l'image) Informations rapides : l'événement en direct	L'information directe facilite la léthargie Le journal est souvent infiniment plus riche Attention à la facilité !
Problèmes du commentaire	Il facilite la saisie des images Sans commentaires, pas d'information !	Tout commentaire réduit la polysémie des images à la place du téléspectateur La même séquence, grâce à un commentaire approprié, peut être utilisée dans des buts opposés Le commentaire, c'est parfois la propagande

4e question : Doit-on éviter d'en manger à tous les repas ?
5e question : Quelle différence y a-t-il entre le pain avec levure et celui au levain ?
6e question : Quel est le meilleur mode de conservation ?

■ Page 81
Choisir ses mots

1 Expression

1. Texte pour une revue technique
Dans une station d'épuration biologique des eaux usées urbaines, le travail de traitement comprend généralement cinq phases successives.
1. Le prétraitement comporte
— le dégrillage (les matières volumineuses sont retenues par des grilles) ;
— le désablage dans les bassins de décantation ;
— le dégraissage.
2. Le traitement dit primaire est une décantation dans un ouvrage en béton.
L'eau y séjourne une ou deux heures et dépose des boues.
3. Le traitement dit secondaire consiste à favoriser l'attaque des matières polluantes par les bactéries adaptées à ce milieu. Trois types de techniques sont employées :
• Les bactéries sont sur un support fixe : l'eau usée ruisselle sur ces « lits ».
• Les bactéries sont sur des disques biologiques qui tournent à faible vitesse dans des bacs contenant l'eau usée.
• Procédé des boues activées : on insuffle de l'air surpressé dans les bassins contenant l'eau usée.

Cette insufflation provoque la multiplication des bactéries aérobies.
4. La séparation de l'eau épurée et des boues est l'œuvre de racleurs rotatifs qui tournent dans des décanteurs circulaires contenant de l'eau.
5. Il reste à traiter les boues : dans des digesteurs chauffés à 35°, elles sont brassées et digérées par des bactéries anaérobies. On récupère du gaz carbonique (35 %) et du méthane (65 %).

2. Texte pour le grand public : éliminer le maximum de termes techniques.
Dans une station d'épuration biologique, les eaux usées subissent au moins cinq traitements.
Les deux premiers sont simplement physiques.
L'eau passe dans une succession de bassins où elle abandonne ses matières les plus volumineuses arrêtées par des grilles, son sable et ses graisses. Ensuite, une décantation de une à deux heures se fait dans de grands bassins circulaires.
Le troisième traitement est biologique. On utilise l'action de bactéries vivant au contact de l'air, appelées aérobies. On peut faire ruisseler de l'eau sur des « lits » de bactéries ou faire tourner dans l'eau des disques couverts de ces mêmes bactéries. On peut aussi insuffler de l'air dans les bassins contenant l'eau pour activer le développement de ces bactéries, friandes d'oxygène.
Quatrième opération : on sépare l'eau déjà traitée de ses dernières boues en faisant tourner des racleurs rotatifs dans des décanteurs circulaires. Chauffées à 35° dans des « digesteurs », grosses cuves closes où agissent des bactéries travaillant sans oxygène, les boues donnent du gaz carbonique et du méthane que l'industrie utilisera.

2 Analyse

1. Polysémie des mots soulignés

Mots	Sens du dictionnaire	Connotations dans le texte
jamais plus	en aucun temps	terrible destin
poisseux	gluant	humidité, pollution
faire pipi	uriner	expression dérisoire dans ce contexte... cru
ça	cela	intrusion du langage parlé
sentiment d'éternité	l'impression d'être éternels	résultat de leur vision de l'eau, ironie impitoyable
tramway	voiture à traction électrique sur rail	promiscuité des transports en commun, sorte de destin
aurore	début du matin	l'inverse de ce que représente habituellement l'aurore (beauté et lumière, espoir)
rambardes	garde-corps	concurrence des voyageurs !
qu'un patron	seulement un patron	l'auteur démystifie : toute cette hâte pour pouvoir arriver à l'heure chez qui les exploite !
lâches	poltrons, sans courage	confirme le mot « peur ». L'auteur prend parti et méprise ce petit peuple de travailleurs
pitance	subsistance journalière	les connotations viennent de l'étymologie : « pitié »

2. Métaphores et comparaisons

Métaphores	Significations
le courage des crabes	l'instinct le plus animal, le plus grégaire, le plus mécanique
qui se lance	le pont est personnifié
ce gros égout	la Seine est extrêmement polluée, est repoussante comme un égout
se faire comprimer	les voilà réduits à des matières, à des objets
s'accrochent	sont littéralement harponnées !
par grappes	métaphore banale : ils sont aussi serrés que des grains de raisin
grande déroute	image de la désorganisation due à une défaite, ici une débâcle sociale

« Comme des marins » : cette comparaison souligne le décalage entre l'aventure, le bonheur d'un beau métier, d'une vocation et le sinistre destin de ce petit peuple de Rancy. Noter la longue phrase comparative « on dirait… brûle ». Elle souligne l'étonnement et le mépris du narrateur.

■ Page 107
Confronter

Différents domaines	Éléments communs	Éléments différents	
		« fantaisie »	« La Vie antérieure »
Thèmes essentiels	Souvenirs d'une vie antérieure (attrait de la métempsycose) Nostalgie d'un paradis perdu Désir d'évasion	Souvenir daté : Louis XIII Un air ancien préféré à toute la musique romantique	Souvenirs non datés Mysticisme et sensualité
Paysage et atmosphère évoqués	C'est le soir (le « couchant ») Éléments visuels : les couleurs chaudes (rouge et jaune) Importance de la musique	Un paysage du Valois Des transparences (vitraux) Un château Louis XIII L'eau : la rivière	Un paysage à la fois grec et tropical (palmes) Des reflets Des portiques Importance des parfums L'eau : la mer
Personnages évoqués		Une « blonde aux yeux noirs » : beauté nordique	Des esclaves nus soumis au poète Les « voluptés » : amour ? femmes aimées ?
Style	Vocabulaire riche de connotations Trois longues périodes convenant à des évocations rêvées : la 1re et la 2e chacune dans un quatrain, la 3e dans les strophes 3 et 4 de *Fantaisie* et les deux tercets de *La Vie antérieure*	Connotations de l'ancien	Connotations du somptueux, du sensuel et du mystique
Versification	Quatre unités rythmiques (4 quatrains chez Nerval, 2 quatrains et 2 tercets chez Baudelaire), Rimes abba, cddc Assonances entre les rimes	Une odelette Décasyllabes	Un sonnet Alexandrins

1 Formule d'appel et de politesse

Formule d'appel : Mes chers amis
Formule de politesse : Bonnes vacances à tous, bien chers amis. Grosses bises et à très bientôt.

2 Contenu

1. « Je vous écris pour vous dire » : ridicule puisque les destinataires le constatent.
« pris le bateau » : évident puisque le rédacteur parle de « traversée ».
« Sidi Karem » : mention facultative.
Recette de la herira : c'est maladroit puisque les futurs invités n'auront pas la surprise.

2. Passages plus réussis

Lorsque le ton est familier : c'est adapté à une communication amicale.
Notations pittoresques pour évoquer Fès.
Philippe marchande : note d'humour.

3. Passages les moins réussis

Les questions banales, de pure politesse, sur les Houches.
Des longueurs pour parler uniquement de soi !

1 Lettre de candidature en réponse à une annonce

Monsieur,

Comme suite à votre offre d'emploi parue dans *Le Point* du 2 courant, je vous adresse ci-joint mon curriculum vitae.
Vous pourrez le constater : je suis titulaire d'un B.T.S. Action commerciale qui m'a permis de trouver un intéressant travail d'animateur des ventes à C.R.I.D.O.C. (télécopie et téléphones de voiture).
Les responsabilités que j'ai été conduit à prendre, mes fortes motivations pour une carrière commerciale, mon goût pour les contacts directs avec la clientèle et mes activités de cinéaste amateur devraient me permettre d'être rapidement efficace à Revon Équipements.
Par ailleurs, je suis disposé à quitter Douai pour m'installer à Metz ou, selon le développement de la Société, en tout autre lieu de France.
Dans l'attente d'une rencontre, je vous prie d'agréer, Monsieur, l'expression de mes sentiments distingués.

2 Lettre de candidature spontanée

Messieurs,
Je serais vivement intéressée par un emploi de secrétaire médicale dans vos services.
Une bonne formation initiale et des expériences parascolaires importantes m'ont permis d'assumer des responsabilités, de prendre des initiatives, comme je le signale dans mon C.V. joint.
Je serais heureuse de pouvoir vous donner de plus amples informations au cours d'un entretien. Dans l'espoir d'une réponse favorable, je vous prie d'agréer, Messieurs, mes respectueuses salutations.

Édition : Michèle Vial
Coordination artistique : Danielle Capellazzi
Maquette : Studio Primart-Ulrich Meyer
Maquette de couverture : Favre-Lhaïk
Illustration de couverture : G. de Montrond - A. Vuarnesson
Photocomposition Photogravure : SEDAG - Paris V

N° d'Éditeur : 10086777 - (VII) - (25) - OSBB 70° - Juin 2001
Imprimé en France par CLERC S.A. - 18200 Saint-Amand-Montrond - N° d'imprimeur : 7601